历史的真性情2

大分裂时代

（三国、两晋、南北朝卷）

忆江南 著

北方联合出版传媒（集团）股份有限公司
万卷出版公司

ⓒ 忆江南 2020

图书在版编目（CIP）数据

历史的真性情. 2，大分裂时代 / 忆江南著. — 沈阳：
万卷出版公司，2020. 12
ISBN 978-7-5470-5495-6

Ⅰ. ①历… Ⅱ. ①忆… Ⅲ. ①中国历史 – 古代史 – 通
俗读物 Ⅳ. ①K209

中国版本图书馆CIP数据核字（2020）第187938号

出 品 人：王维良
出版发行：北方联合出版传媒（集团）股份有限公司
　　　　　万卷出版公司
　　　　　（地址：沈阳市和平区十一纬路25号　邮编：110003）
印 刷 者：辽宁新华印务有限公司
经 销 者：全国新华书店
幅面尺寸：145mm×210mm
字　　数：220千字
印　　张：9
出版时间：2020年12月第1版
印刷时间：2020年12月第1次印刷
责任编辑：张洋洋
责任校对：高　辉
装帧设计：鼎籍文化创意　刘萍萍
ISBN 978-7-5470-5495-6
定　　价：39.80元
联系电话：024-23284090
传　　真：024-23284448

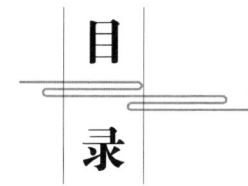

目 录

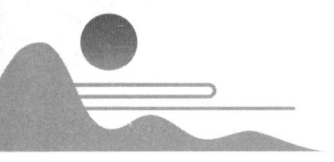

代序　那些和厨子有关的中国往事

中国人自古以来就对饮食文化情有独钟，老子曰："治大国若烹小鲜。"孔子曰："食不厌精，脍不厌细。"孟子曰："食色，性也……"而作为饮食文化中心人物的厨师在历史上却只是个无足轻重的小角色。但是，在某几个特定的历史时刻，厨师竟然起到了举足轻重的大作用，需要特别说明的是，有时候这个大作用是反面的。

"治大国若烹小鲜"是老子的名言，但他并没有亲身体验，而早于老子一千年的一个人却既深谙烹饪之道，又长于治国理政，他就是被尊为"烹饪之祖"兼"厨圣"的伊尹。

伊尹原名伊挚，是有莘国的名厨，后来作为陪嫁奴隶来到了商汤的身边，他虽身份卑微，却心怀天下，经常以"调和五味"之道在治国方面给商汤以点拨。商汤认识到伊挚的特殊才干之后，便给了他自由并且让他参与政事，不久伊挚就被任命为主政的尹，这就是他被后世称为伊尹的原因。

当时正是夏朝末年，夏桀残暴无道，人神共愤，伊尹辅佐商汤推翻夏桀建立了商朝。在伊尹和商汤的共同努力下，商王国百废俱兴，蒸蒸日上，很快就成了一个新兴的东方强国。商汤去世后，伊尹又辅佐了商汤的儿子外丙和仲壬，然后又把商汤的孙子太甲立为国君。

太甲不肯好好地按照祖父商汤的既定国策行使君主职责，伊尹就怀着一片忠君爱国之心放逐了太甲，让他到商汤陵墓所在地桐宫反省思过。在伊尹为首的大臣们的努力下，商朝这条有点偏离航向的大船又回到了正确航线上。三年后，太甲深刻认识到了自己所犯的错误，伊尹就举行隆重仪式将他迎回都城，并且把执政大权送还给他。

太甲没有辜负伊尹对他的厚望，最终成了承前启后的一代英主，可惜天不假年，他在年富力强之时不幸因病去世了。群龙无首的关键时刻，已是耄耋老人的伊尹又一次站了出来，为太甲之子沃丁的顺利即位保驾护航，从而成就了自己五朝元老的历史传奇。

如果评选历史上最著名的厨子，春秋时代的易牙差不多会当选，虽然他是个邪恶人物。易牙名号之所以如此响，其一在于他的心肠不是一般地狠，其二在于他的主子不是一般人，其三在于他的厨艺远远超出一般人。

易牙是齐桓公的御用大厨，一年到头想着法地满足主人舌尖上的渴望，结果齐桓公的嘴巴越来越刁，某一天竟然说出了这样的一句话：寡人尝遍天下美味，唯独未食人肉，倒为憾事！易牙将齐桓公的玩笑话当了真，居然将他四岁的儿子做成了一道美食……

关于"易牙烹子"这历史上最为残忍的一幕，别人看到的是易牙的丧心病狂，而齐桓公看到的却是易牙的忠贞不贰。于是，在名相管仲逝世后，他不顾管仲临终时的严重告诫，把易牙和另外两个小人推上了高位。结果怎么样呢？易牙三人不但专权误国，还分别和不同的公子结成了死党，齐桓公得了重病后，几个公子在易牙等人的支持下展开了惨烈的王位争夺战，最终齐国大乱，齐桓公饿死宫中，两个多月无人收尸，尸虫都从窗子里爬了出来……

第三个改写历史的厨师名叫徐黑，他是十六国时期前凉王宫的一个大厨。前凉的第四代王张重华英年早逝后，其幼子张曜灵继位，其母马氏从王太后升格为太王太后。张重华同父异母的哥哥张祚一直在觊觎君主之位，而且他和马氏长期保持着属于乱伦的暧昧关系。在张祚的撺掇忽悠下，马氏废掉了张曜灵，把张祚推上了王位。权欲熏心的张祚很快就自立为帝，并且更加疯狂地淫乱后宫，祸国殃民，他的倒行逆施激起了朝野上下的激愤。

两年后，受到张祚迫害攻击的几位大臣联手向这个荒淫暴君发起了进攻，数万大军以迅雷不及掩耳之势包围了都城姑臧（今甘肃武威）。得到消息的张祚正要派人去抓捕造反者在城内的亲属，城门却已经被他们打开，城外的大军蜂拥而入，城内的守军不愿替张祚卖命，逃的逃，降的降，有的则领着造反者冲向了王宫。

人家得道者是振臂一呼，山呼海应，失道昏君张祚在大叫一声"救驾"后等来的却是众叛亲离。眼见自己真的成了孤家寡人，张祚只得逃往王宫深处，以为可以找个隐蔽地方躲过一死，却不料迎面撞上了他的御用厨师徐黑。徐黑彼时手里拿的不是大勺而是短刀，见了张祚，二话不说，白刀子进去红刀子出来，一下就结果了这个昏君的性命。

虽然和徐黑一样同为皇家厨师，李安在历史上扮演的却是很不光彩的角色。

李安生活在南北朝末期，凭借一手好厨艺得到西魏权臣宇文泰的赏识从而成了王府的大厨。宇文泰死后，他的侄子宇文护干脆直接废掉西魏皇帝，把宇文泰的嫡长子宇文觉拥立为皇帝，于是，李安就升格成了皇帝的御用厨师。

宇文护仗着拥立之功独断朝政，独孤信（隋文帝的老丈人，隋炀帝和唐高祖的外祖父）和乙弗凤等大臣对宇文护专权欺君深为不满，鼓励宇文觉向宇文护发难，结果因为消息泄露先后遇害。宇文护一不做二不休，除掉政敌后又废杀了宇文觉，接着把宇文泰的庶长子宇文毓推上了帝位。

宇文毓外表安静文弱，其实是一个很有主见的人，他不甘心做宇文护手中的傀儡，要求亲自处理政事，宇文护无奈之下只得归还了部分权力，同时暗暗发誓要让宇文毓把吃下去的吐出来。

宇文毓是一个好皇帝，不仅提倡节俭，严惩贪腐，而且重视文化教育，在他的治理下，北周政坛逐渐呈现出清明和畅的气象。蛇蝎心肠的宇文护就在这时向宇文毓伸出了罪恶的黑手，御厨李安被推上了历史舞台。李安的良知最终被宇文护的重金和淫威击倒了，他偷偷地在皇帝的御膳里投下了足以致命的毒剂，不幸的宇文毓就这样被一个厨子夺走了年轻而宝贵的生命。

此后，宇文护又把宇文泰的另一个儿子宇文邕立为皇帝，宇文邕隐忍了十二年，终于除掉宇文护为两位兄长报了血海深仇，作为帮凶的李安应该也难逃头顶上那张疏而不漏的恢恢天网……

曹魏帝国

陈宫痛恨曹操的真正原因

《三国演义》中有这样一个悲惨的故事。

> 操与宫（在曹操父亲结义兄弟吕伯奢家中）坐久，
> 忽闻庄后有磨刀之声。操曰："吕伯奢非吾至亲，此去可疑，
> 当窃听之。"二人潜步入草堂后，但闻人语曰："缚而杀之，
> 何如？"操曰："是矣！今若不先下手，必遭擒获。"遂与
> 宫拔剑直入，不问男女，皆杀之，一连杀死八口。搜至厨下，
> 却见缚一猪欲杀。宫曰："孟德心多，误杀好人矣！"急
> 出庄上马而行。行不到二里，只见伯奢驴鞍前鞒悬酒二
> 瓶，手携果菜而来，叫曰："贤侄与使君何故便去？"操曰：
> "被罪之人，不敢久住。"伯奢曰："吾已分付家人宰一猪
> 相款，贤侄、使君何憎一宿？速请转骑。"操不顾，策马
> 便行。行不数步，忽拔剑复回，叫伯奢曰："此来者何人？"
> 伯奢回头看时，操挥剑砍伯奢于驴下。

曹操事后说了一句振聋发聩的话："宁教我负天下人，休教天下人负我。"陈宫则因此看透了曹操的狠毒奸诈，冷酷无情，于是就弃之而去了。

这个故事后来被写入了京剧《捉放曹》，并且成了戏曲舞台上久演不衰的剧目。于是，人们都知道陈宫是因为吕伯奢一家的惨死而开始痛恨曹操的，然而，真正的历史却并非如此。

历史上陈宫和曹操结怨是缘于一个城市的毁灭和一个名叫边让的人的死亡。

边让，字文礼，陈留郡浚仪县（今河南省开封市）人，是东汉末年的一位名士。

边让博学善辩，宾客满堂莫不羡慕他的风采；他长于诗赋，其《章华赋》名噪一时。大将军何进听说他的才名，征聘为令史。在大将军府任职的孔融、王朗等知名人士都亲自登门拜访，和他结交。大学者蔡邕也很敬重他，大约在中平五年（188 年）左右，蔡邕给大将军何进写信推荐边让。信中称赞边让"心通性达，口辩辞长。非礼不动，非法不言"，认为他的"阶级名位，亦宜超然"，不能"随辈而进"，也就是说，要破格提拔，不能论资排辈，指出当时朝廷对边让是"大器小用"了，好像用煮牛的大鼎煮鸡一样。后来，边让屡次升迁，官至九江太守。初平年间（190—194 年），王室大乱，边让弃官回到故乡陈留郡浚仪县。虽然他选择了放弃功名，归隐田园，但并没有忘怀君王社稷，一直在关注着政局的发展。

193 年发生的一幕人间惨剧燃起了边让胸中怒不可遏的火焰，

这个惨剧就是徐州屠城，惨剧的制造者是大名鼎鼎的曹操。

曹操在击溃黄巾军之后，邀请父亲曹嵩到濮阳与自己一起生活，但是曹嵩一家在经过徐州的时候，遭到了徐州刺史陶谦的部将张闿（黄巾军降将）的伏击，不幸全家遇难。曹操得知噩耗后，亲率大军杀奔徐州为父复仇。陶谦不敌曹军，撤走，曹操便屠杀徐州百姓泄愤，"凡杀男女数万人。鸡犬无余，泗水为之不流"。

边让为那些不幸死难的无辜徐州百姓深感悲愤不平，对曹操血洗徐州的残酷行径非常痛恨，就禁不住在公共场合对曹操进行口诛笔伐，痛加批判。世家子弟出身、文人习气浓厚的边让本来就对曹操阉党之后的身份不屑一顾，所以在批判曹操时经常语含讥讽，充满鄙夷不屑。边让在当时很有名气，深受兖州官吏和士族阶层敬重，所以，他的"讥议"引起了广泛的共鸣，对曹操在兖州的形象造成了很大的负面影响。

当时，兖州刺史刘岱刚刚在与黄巾军作战中为国捐躯，以张邈、陈宫为代表的兖州官吏和士族阶层原本主张曹操接任兖州牧。在徐州屠城血案发生之后，他们对曹操的残忍嗜血产生了恐惧心理，开始在是否迎接曹操进入兖州这个问题上犹豫不决，而边让对曹操的批判无疑起到了火上浇油的作用。

眼看着兖州这块即将到手的肥肉要丢，曹操终于按捺不住胸中的怒火了，向边让举起了杀人的屠刀。《资治通鉴》对此事做了如下记载："前九江太守陈留边让尝讥议操，操闻而杀之，并其妻子。让素有才名，由是兖州士大夫皆恐惧。"曹操杀死边让本来意在杀鸡儆猴，给那些对他抱怀疑态度的人一个下马威，但其后的事态发展证明他这个行为明显失算，并且引发了严重的后果。

徐州屠城让兖州官吏和士族阶层对曹操产生了心理恐惧，杀害边让更是引发了他们的巨大恐慌，于是他们的精神领袖——刚直壮烈的陈宫对曹操彻底失去了信心，转而和从事中郎许汜、王楷及张邈的弟弟张超劝说握有实权的张邈放弃心狠手辣的曹操，选择能征善战的吕布。据《资治通鉴》记载：宫说邈曰："今天下分崩，雄杰并起，君以千里之众，当四战之地，抚剑顾眄，亦足以为人豪，而反受制于人，不亦鄙乎！今州军东征，其处空虚，吕布壮士，善战无前，若权迎之，共牧兖州，观天下形势，俟时事之变，此亦纵横之一时也。"于是，张邈听从了陈宫等人的建议，"以其众潜迎布为兖州牧"。

此后，陈宫就开始死心塌地地辅助吕布攻打曹操。可惜的是，能征善战但没有心机的吕布最终被心狠手辣且老奸巨猾的曹操打败了，不幸被俘的陈宫万念俱灰，决意赴死，为后人留下了一曲杀身成仁、舍生取义的悲壮挽歌。

由此可见，充满戏剧性的《捉放曹》乃是艺术的虚构，陈宫和曹操反目为仇的原因不是吕伯奢一家的惨死，而是更为残酷的徐州屠城和之后引发的边让之死。

貂蝉是怎样练成的

四大古典名著之一的《三国演义》和历史有着极为密切的关系，其中的人物几乎都是有名有姓的，但有四个人物却属例外，他们或者有姓无名，如江东美女大乔、小乔，或者无名无姓，如遭到张飞痛打的督邮，或者有名无姓，如四大美女之一的貂蝉。

可能不少人会把"貂蝉"写成"貂婵"，因为"婵"可以用来形容女子姿态美好，但这个美女的名字确实是由"狗尾续貂"的"貂"字和"噤若寒蝉"的"蝉"字组成的，那么貂蝉究竟有什么含义呢？原来，貂蝉指的是貂尾和刻有蝉形花纹的黄金片，是东汉时期侍中、中常侍所戴礼帽上的两种特别装饰，后用作达官显贵的代称。

历史上其实是没有貂蝉这个人的，但貂蝉这个小说人物也并不是罗贯中凭空虚构出来的，那么她是怎样形成的呢？

貂蝉这个小说人物是有原型的，她的原型乃是董卓身边的一个侍女。

据《后汉书》《资治通鉴》等记载，当年，董卓知道自己树敌太多，害怕遭到暗算，因此，无论去哪里，都让吕布做贴身警卫。董卓性情刚愎，曾为一件不合自己心意的小事，拔出手戟掷向吕布，幸亏吕布迅速躲避并赔笑道歉才逃过一劫。从此，吕布便暗中怨恨董卓。

那么，是什么事让董卓对自己的贴身警卫如此火冒三丈呢？《三国志》中的《吕布传》给出了答案："卓常使布守中阁，布与卓侍婢私通，恐事发觉，心不自安。"也就是说，董卓曾让吕布守卫自己的内寝，好色的吕布却乘机与董卓的一名侍女私通，又生怕董卓察觉，心中因此惶恐不安。

显而易见，《后汉书》《三国志》及《资治通鉴》等正史上都没有提到貂蝉其人，这个名字第一次出现应该是在比《资治通鉴》稍晚的《三国志平话》中。

《三国志平话》形成于宋代，出自民间艺人之手。在这部书里，影响吕布和董卓的关系，从而改写汉末历史的那个侍女有了自己的名字——貂蝉。之所以给她取这样一个名字，笔者以为原因有二：一是"貂蝉"一词和东汉有关，而"三国"讲的正是东汉末年的故事，二是"貂蝉"听起来颇像一个女孩的名字。

而在元杂剧《锦云堂暗定连环计》中，貂蝉自己给出了她名字的由来——"您（指王允）孩儿又是这里人，是忻州木耳村人氏，任昂之女，小字红昌，因汉灵帝刷选宫女，将您孩儿取入宫中，掌貂蝉冠来，因此唤做貂蝉"。

《三国志平话》和包括《锦云堂暗定连环计》在内的元杂剧都对不久之后罗贯中创作小说《三国演义》产生了深刻的影响，于是就有了我们现在所了解、所熟悉的貂蝉形象。

在《三国演义》中，吕布白门楼殒命之后，貂蝉这位胆色俱佳的奇女子便就此不见了踪迹。是随失败的吕布同赴了九泉，还是被胜利的曹操掳回了许昌等疑问从群雄争霸开始一直到归晋统一也没有解开。不知是作者无意间忽略了这样一个重要的人物，还是出于某种考虑有意识地避开不谈，目前尚无从考证。

徐晃：使斧子的不一定是莽汉

提起斧子这种武器，各位会想到哪些武将呢——《水浒传》里的李逵，《隋唐演义》里的程咬金，《杨家将》里的孟良，《明英烈》里的胡大海，清一色的莽汉。然而，骑白马的不一定是唐僧，使斧子的也不一定是莽汉，《三国演义》中的名将徐晃就是一个典型的例外。

大家都知道，《三国演义》这部经典名著在故事情节上是三分写实七分虚构，但就徐晃这个人物形象而言，百分之九十是真实历史的再现。

徐晃家在山西南部的洪洞县，年轻时投奔到车骑将军杨奉手下为国效力，努力打拼，很快成长为一员得力干将，多次在关键时刻挺身而出，杀敌建功。

徐晃不仅是一名勇将，而且颇有谋略，他为杨奉提供的重要建议足以证明他的远见卓识。

195 年，汉献帝君臣从西凉军阀李傕、郭汜（原先是老贼董卓的部将）控制下侥幸脱身，东返洛阳，当他们到达华阴县时，陷入了前有黄河挡路、后有贼兵追赶的绝境。消息传到杨奉军中后，徐晃力劝杨奉带兵前去为皇帝保驾护航，一来尽臣子忠君本分，二来为日后功业奠基。

各位是不是觉得徐晃的这个方略似曾相识呀，是不是让您想起了曹操日后奉行的"挟天子以令诸侯"呢，所以，如果我们说徐晃是第一个提出"奉天子以令不臣"的三国人士，应该不无道理。

杨奉采纳了徐晃的建议，击退李傕、郭汜的追兵，成了汉献帝东归时的一号救驾功臣。按照徐晃的谋划，杨奉原本有机会"挟天子以令诸侯"，但不幸被兵多将广的曹操抢了风头，而且还失去了徐晃这个顶梁柱。

在弃杨投曹这个事上，徐晃充分表现出了他的智慧和忠义。

徐晃早就感觉杨奉并非能成大事之人，但他并没有弃之而去，因为"从之久矣，不忍相舍"，此其忠也；当他遇到明主曹操的青睐相邀时，他没有像陈宫那样明知所保之主已经无望却依旧执拗相从，而是当机立断，连夜来投，此其智也；他的引荐人满宠劝他杀死杨奉作为进见之礼，他回答说："以臣弑主，大不义也，吾决不为。"此其义也。

来到曹操身边之后，徐晃南征北战，东伐西讨，在官渡之战、平定河北、北征乌桓、讨伐西凉、汉中征伐、荆州之战等大型军事行动中屡立战功，名声大震，而且他非常善于治军，令行禁止，军容整齐，被曹操赞誉为"有周亚夫之风"。在平定河北袁绍势力的战役中，徐晃又一次表现出了他的远见卓识。

占领冀州重镇邯郸后，曹操兵临易阳城下，即将发起进攻。这时，徐晃请求曹操以招安政策代替武力进攻，这样不用进攻城池，敌人就会望风而降。曹操接受了徐晃的建议，并且让他负责实施。徐晃给易阳守将写了封信，陈明利害，劝其归顺，然后用箭射入城中，最终，徐晃不费一兵一将就拿下了易阳城，正所谓"不战而屈人之兵"。

顺便说一下，脍炙人口的"延津口诛文丑"其实是徐晃的光辉战绩，没关羽关二爷什么事儿。

徐晃在作战时不仅看得远而且看得细，夜渡蒲坂津即是一例。

211年，徐晃跟随曹操征讨西凉马超，当他们在潼关被敌军所阻不能前进时，眼明心细的徐晃注意到黄河对岸的蒲坂津没有敌兵驻守，就要求带一支精兵夜间渡河到敌军那边创建立脚点，一来可以接应曹军，二来可以截击西凉军，曹操非常赞成，按计行事，徐晃成功渡河，开辟了一块至关重要的新阵地，曹操能够进入关中地区并且大破西凉军凭借的就是这条水上通道。

最能体现徐晃军事谋略的是魏蜀吴三方都参与其中的荆州之战。

219年八月，关羽水淹七军，俘虏于禁，擒杀庞德，一时之间整个华夏为之震动。为解襄阳樊城之围，徐晃受命率领一支新招募的军队从南阳奔赴荆州战场，和老相识关羽展开了一场改变历史走向的交锋。徐晃深知自己的新兵不是关羽军队的对手，就采取了深沟高垒、闭门不战的策略。这一下倒把关羽搞蒙了，一来担心自己的退路被切断，二来不知道徐晃葫芦里卖的是什么药。

不久，曹操派来了大批援军，都归徐晃指挥，于是，徐晃适时转变了策略。

当时，关羽的军队分别驻扎在围头和四冢两地，徐晃对外宣称要攻取敌军主力所在的围头，暗中却率兵向四冢发起了进攻，关羽闻报急忙领兵来救，两个老朋友终于在战场上面对面了。

这时，两位英雄之间发生了传奇而戏剧性的一幕。徐晃和关羽隔着很远的距离对话，但语平生，不及军事，然后，徐晃宣军令曰："得关云长首级者，赏金千斤。"义气为重的关羽闻言大惊，说："大哥，你这是什么话？"公私分明的徐晃回答："此乃国家之事。"

最后，徐晃的军队大败关羽军，成功解除了襄阳和樊城的围城危机，遏制了刘备一方北进中原的猛烈势头，改变了赤壁之战后不利于曹操一方的战略格局。

徐晃凯旋时，曹操出营七里迎接，随后设宴庆贺，并且特意颁布一道命令赞扬徐晃的赫赫战功，其中最值得一提的是下面这段评价——樊（城）、襄阳之围，胜过以前的莒、即墨之围，所以将军之功，胜过孙武、穰苴。

最后要说的是，在《三国演义》中，徐晃在讨伐孟达时不幸中箭身亡，但这绝对属于艺术虚构，历史上的徐晃是在公元 227 年因病辞世的。像马援一样身死沙场、马革裹尸固然悲壮，像徐晃一样戎马一生而得以善终又何尝不是一种幸福呢。

华歆没有那么"俗"

"俗"字作为形容词，有三层含义：第一层接近褒义，指大众化的，最通行的，习见的，如：俗名、俗语、俗曲、雅俗共赏；第二层明显贬义，如：俗气、俗物、鄙俗、粗俗、庸俗；第三层不褒不贬，恰好中性，如俗人、凡夫俗子等。

在人们的印象中，三国时的曹魏重臣华歆绝对是一个俗气的家伙，不仅爱财，还是个官迷，而且趋炎附势，狐假虎威。实际上，这都是《三国演义》的三分虚写和某些士大夫的道德洁癖造成的误解。历史上的华歆远没有这么"俗"，相反，在经受重大考验的时刻，他表现出的是超凡脱俗的高贵气节。

先来说说所谓华歆爱财的事儿。

华歆年轻时曾经和管宁一起求学攻读，有时也会一块参加劳动，搞搞"自己动手，丰衣足食"。一日，两人锄地时在泥土中发现了一块金子，管宁像什么都没发生一样继续干活，华歆则把金子捡了起来，之后，他感觉管宁看他的眼神不对，就又扔掉了金子，于是，华歆就有了爱财的恶名。

实事求是地说，这个故事并不能证明华歆爱财，只能说明他爱惜财物，不愿看到有价值的东西被白白浪费，同时还向我们透露出他对管宁的尊重。

和管宁在一起时，华歆还有另一个受人诟病的故事。

话说一天华歆和管宁正在并坐读书，忽然墙外路上有一个大官的车驾经过，管宁依然故我，而华歆却起身到外面去看热闹。等到华歆回来时，管宁非常严肃地对他说："你不再是我的朋友了。"然后毅然决然地把他们共坐的席子从中间割开了，"管宁割席"的典故就是从这儿来的。

管宁的高风亮节的确值得赞美，但华歆的表现却也并不违背人性。在深受"学而优则仕"思想影响的社会里，想入仕为官是可以理解的，只要不走歪门邪道，不搞权钱交易就无可厚非，而华歆正是一个行得正、做得端的官员。

189年，汉灵帝驾崩，外戚和宦官争权互攻，京都洛阳乱成一团，西凉军阀董卓趁机进京控制了朝政。正在朝中担任尚书郎的华歆不愿意和专权残暴的董卓同流合污，就请求出京到下邳任职，然后借机翻越秦岭来到南阳。华歆劝南阳太守袁术发兵讨伐董卓拯救汉室，但袁术没有采纳，华歆只得继续东行，踏上了回乡之路。董卓被杀死后，在太傅马日磾的荐举下，华歆被任命为豫章太守，豫章就是现在的江西省会南昌。

在太守任上，华歆与民休息，从不扰民，豫章百姓非常感念他的德政，当他们听说避难豫章的扬州刺史刘繇刚死，无人继任时，就自发地聚集到太守府外，恳请华歆接任扬州刺史（豫章属于扬州）一职。华歆感谢大家对他的拥戴之情，但拒绝在没有诏命的情况下就任，豫章百姓在深感惋惜遗憾的同时更加钦佩华歆的高尚品格了。

孙策占领吴越诸郡后，意欲剑指豫章，华歆知道自己手下的军队抵挡不住善于用兵的"小霸王"孙策，更不愿让豫章百姓陷于无谓的战火，就明智地放弃了抵抗，迎接孙策入城。孙策对华歆也非常尊重，以上宾之礼待之。

后来，华歆应汉献帝之召即将到许都（今河南许昌）就任要职，在他进京之前的那段日子，亲朋好友给他赠送了"数百金"的礼物，华歆来者不拒，悉数收下，暗中却在每份礼物上都写下了送礼者的名字。

临行这天，华歆当着前来送行的亲朋和百姓们的面，把他收到的礼物一一摆放出来，然后郑重其事地说："本无拒诸君之心，而所受遂多。念单车远行，将以怀璧为罪，愿宾客为之计。"大家谁都不能保证他安全地带着大量金银珠宝到达京城，只好收回了当初送给他的贵重礼物。

来到许都之后，华歆先后担任过尚书、侍中、尚书令、御史大夫、相国等重要职位，一直以清廉正直而著称。

华歆家中从来没有十斗以上的余粮，他把禄米和皇帝的赏赐都用来接济救助有需要的人了。朝廷每次将罚没为奴的年轻女子赏赐给大臣，华歆从不把她们作为奴婢使用，而是给予自由，帮其成家。魏文帝曹丕对华歆的做法赞叹不已，称其为"国家难得的长者"，不仅特意把自己的衣服赏赐给华歆，还为他的妻子及家中男女做衣服。

220年，曹丕代汉称帝，举行受禅仪式时，"诸侯群后，无不人人喜悦，其形尽现于声色"，唯独相国华歆和尚书陈群脸上没有喜庆之色，曹丕对此久久不能释怀。华歆是位严肃方正的长者，曹丕对他敬畏有加，不好意思直接问他其中缘由，就找机会向陈群提出了这个疑问。陈群离席长跪道："臣与相国曾为汉朝之臣，内心虽为陛下感到喜悦，但在义理上，臣等的神色实应畏惧，甚至憎恨陛下才对。"这应该也是华歆的心声。

曹丕的儿子魏明帝曹叡也对华歆非常尊重。曹叡继位时，华歆已经年近古稀，他请求告老还乡，颐养天年，曹叡知道华歆是个德高望重的老臣，特意颁布诏书挽留他，并且派散骑常侍去华歆家里请他赴朝臣之宴。曹叡在诏书中诚恳地请求华歆克服病痛的困扰参加朝会，施惠泽于皇帝，而且表示将和文武百官一起站着等待华歆的到来。散骑常侍动身时，曹叡又特别嘱咐他必须在华歆起身赴会时才能回来。华歆在魏明帝一朝所受礼遇于此可见一斑。

魏明帝曹叡在继位的第四年发兵讨伐蜀汉，正在家中休养的华歆听说后，不顾年老体迈，怀着满腔爱民之心给皇帝上书请求退兵。华歆认为"为国者以民为基，民以衣食为本"，所以他恳请魏文帝留心治国圣道，多为百姓着想，注重农业生产，不到万不得已不要进行征战。华歆的忠心赤胆和恳切言辞令魏明帝深深感动，最终他听从了华歆的建议，下旨退兵。

华歆的一纸奏疏一下子挽救了无数士兵和百姓的生命，不但魏国人民应该感恩于他，蜀国人民也应该对他心存感激。

另外值得一提的是，华歆还曾不计前嫌地向皇帝推荐当年和他割席断交的管宁担任国家重职，足见其不仅忠君爱民，清正廉洁，还有着宽广如海的胸怀，和《三国演义》里那个趋炎附势、不忠不义的俗气小人绝对不可同日而语。

甄宓：误入凡尘的洛神

《洛神赋图》是东晋大画家顾恺之的代表作之一，生动传神地塑造了"翩若惊鸿""明眸善睐"的洛神形象。《洛神赋图》根据三国时期第一诗人曹植的美文《洛神赋》画成，而《洛神赋》原名《感甄赋》，是以曹植倾慕的女子——他的嫂子、魏文帝皇后甄宓作为女主人公的。

甄宓既然被曹植想象成洛神的化身，自然是一个风华绝代的美女，当时就有"河北有甄宓，江南有二乔"的说法。遗憾的是，她虽贵为皇后，却依旧没有逃脱"红颜薄命"的悲惨命运。

甄宓出生在东汉末年的中山无极（今河北省无极县），父亲甄逸做过上蔡令。甄宓在家中排行最小，上面有三个哥哥和四个姐姐，她天生丽质，因此从小就深受父母和哥哥姐姐的喜爱，但不幸的是，三岁时父亲就离她而去了。九岁时，甄宓迷上了读书写字，在当时那"女子无才便是德"的封建社会里这是不同寻常的事情，连她的哥哥都取笑她将来要当"女博士"，很快，甄宓"貌艳丽，懂诗文"的名声就传开了。

后来，占据河北一带的大军阀袁绍听说甄宓才貌双全，遂为次子袁熙向甄家求婚，甄家应该是愿意的，话又说回来，即使不愿也不敢违命啊，于是，甄宓就成了袁绍的二儿媳。婚后袁熙北上镇守幽州，留甄宓在邺都（今河北省临漳县）侍奉父母。

200 年，"挟天子以令诸侯"的曹操在官渡（在今河南省中牟县）大败当时实力最强的袁绍，此后，袁氏集团的败亡便一发而不可收。

204 年，曹操举兵攻下邺都。曹操的长子曹丕听说袁绍的二儿媳长得非常美丽，就率军来到袁府，只见堂上坐着一位年纪较大的妇人，旁边有一青年女子惶恐不安地伏在妇人的膝上，年长的是袁绍的遗孀刘氏，年轻的就是甄宓。曹丕告诉她们曹丞相有命让保护袁府女眷，请大家不必担心惊惶。袁夫人听了曹丕的话，稍为宽心，扶起甄宓与曹丕相见，曹丕一看果然艳丽绝伦，爱慕不已。曹操知道后，便把甄宓许给曹丕为妻。

婚后，甄宓关心丈夫，孝顺公婆，而且生下了儿子曹叡和女儿东乡公主，曹操和夫人卞氏更喜欢她了，而曹叡作为曹丕的长子也被立为世子，成了曹丕将来的接班人。220 年，曹操病逝，曹丕迫使汉献帝将帝位禅让给他，即位称帝，建立了三国中的魏国，历史上称为魏文帝，曹叡则由世子成为了太子。本来甄宓可以顺理成章地母以子贵，荣升为魏国皇后了，却没想到等来的竟是一场杀身之祸。

当时，曹丕已经移情别恋迷上了郭妃。郭妃名照，字女王（因为她父亲觉得她有"女中王"的气度，因此为她取字为"女王"）。

郭女王不但年轻漂亮，而且精明、理智、冷静，为曹丕夺取魏王世子之位多有助力，所以比甄宓更受曹丕宠爱。

和甄宓相比，郭女王有一个最大的劣势，就是她没有生下儿子。于是，她利用曹叡是不足月生下来的早产儿这个事实诬蔑甄宓是怀孕两个月后才嫁给曹丕的，因此曹叡是否为曹家的骨肉引起了曹丕的怀疑。曹丕以此事询问甄宓，甄宓本来就对曹丕宠爱新欢郭女王和李贵人、阴贵人等已经十分不满，又听说此事是郭女王从中挑拨，不禁怒火中烧，不顾一切地斥责曹丕对自己亲生骨肉无端猜疑，有损曹门家风。甄宓的态度和指责让身为皇帝的曹丕难以承受，几乎发狂，结果残酷地赐曾经的最爱甄宓自尽，把新欢郭女王立为皇后。

当年甄宓失宠后，写下了《塘上行》一诗，表达了一个妻子对丈夫相思成灾、一往无悔的深情泣诉：

蒲生我池中，其叶何离离。

傍能行仁义，莫若妾自知。

众口铄黄金，使君生别离。

念君去我时，独愁常苦悲。

想见君颜色，感结伤心脾。

念君常苦悲，夜夜不能寐。

莫以豪贤故，弃捐素所爱？

莫以鱼肉贱，弃捐葱与薤？

莫以麻枲贱，弃捐菅与蒯？

出亦复何苦，入亦复何愁。

边地多悲风，树木何翛翛！

从君致独乐，延年寿千秋。

　　可怜甄宓最后等来的只是曹丕的一纸死令，甚至死后对她的尸身给予"以发覆面、以糠塞口"的侮辱与凌虐……

　　五年之后，曹丕病死，曹叡即位为帝（历史上称为魏明帝），终于为他的生母甄宓平冤昭雪，并且追谥母亲为"文昭皇后"。

《三国演义》中的错误

首先声明，笔者对《三国演义》这部名著非常喜欢，对作者罗贯中先生十二分尊敬，但对于其中的几个错误还是要实事求是地指出，以免以讹传讹，湮灭事实。

一、关纯

在《三国演义》第七回回首，困居河内的袁绍为了夺取韩馥占据的冀州，按照逢纪的计谋给幽州的公孙瓒写信约其共分冀州，而后又装好人密告韩馥说公孙瓒要夺取他的地盘。于是，傻乎乎的韩馥就真像逢纪预言的那样打算派人请袁绍带兵入冀州帮他抵御公孙瓒的进攻。忠于韩馥的长史耿武和别驾关纯劝谏领导不要引狼入室，但韩馥不纳忠言一意孤行，终于把袁绍这只老虎引入了冀州的羊群。当袁绍带兵到来时，早已埋伏在城外的耿武、关纯拔刀行刺袁绍，不幸被颜良、文丑杀死。

有趣的是，史书中和耿武一起行刺袁绍的人不叫关纯，而是闵纯。根据二人的生平事迹我们可以断定史书中的闵纯就是演义中的关纯。那么，这就有一个问题，罗贯中先生为什么要把"闵纯"改成"关纯"呢？其实他不是有意如此改的，这都是马虎惹的祸。因为"关"的繁体字和"闵"字很相似。

二、胡赤儿

第九回董卓被杀时，他的女婿牛辅屯兵于长安之外，吕布便派李肃前去征讨，结果被牛辅打败。于是，吕布亲自出马，牛辅知道自己不是吕布的对手，就带着金银珠宝，与亲信胡赤儿等几个人逃走了。半路上胡赤儿等人谋财害命，杀死牛辅将其首级送往长安。

实际上，历史中并没有"胡赤儿"的名号，这个其实是"支胡赤儿（即一个叫赤儿的胡人）"的误读，而"支胡"是"月支胡"的简写，后文的"赤儿等利其金宝，斩首送长安"恰好可以证明这一点。

三、杨大将

《三国演义》第十五回结尾写道：却说袁术暗有称帝之心，乃回书推托不还；急聚长史杨大将，都督张勋、纪灵、桥蕤，上将雷薄、陈兰三十余人商议，曰："孙策借我军马起事，今日尽得江东地面；乃不思根本，而反来索玺，殊为无礼。当以何策图之？"长史杨大将曰："孙策据长江之险，兵精粮广，未可图也。今当先伐刘备，以报前日无故相攻之恨，然后图取孙策未迟。某献一计，使备即日就擒。"……其实，"杨大将"是个可笑的错误，正确的姓名应该是"杨弘"，请看《三国志·吴书·孙讨逆传》的记载："（袁）术死，长史杨弘、大将张勋等将其众欲就（孙）策，庐江太守刘勋要击，悉虏之，收其珍宝以归。"这里写得很清楚：袁术的长史名叫杨弘。

之所以会出现"杨弘"被"杨大将"张冠李戴的结果，是因为古人著书无标点，罗贯中收集史料时一不小心把"长史杨弘大将张勋等……"句中的"弘"字看漏，读成了"长史杨大将、张勋等……"

就因为一字之差，"杨弘"糊里糊涂地变成了"杨大将"，这对杨弘来说实在冤枉。

四、兖州刺史刘岱投降曹操

《三国演义》第二十二回有这样一段文字：操大笑曰："皆不出荀文若之料。"遂唤前军刘岱、后军王忠引军五万，打着丞相旗号，去徐州攻刘备。原来刘岱旧为兖州刺史；及操取兖州，岱降于操，操用为偏将，故今差他与王忠一同领兵。

这是罗贯中先生无意中所做的第三个虚构，之所以会出现这样的情况，次要原因是罗先生犯了想当然的失误，主要原因是汉末三国时期有两个混得不错的刘岱。

两个刘岱之中，地位高的是兖州刺史刘岱。此公是东莱牟平（今山东福山西北）人，出身汉室宗亲，其伯父刘宠曾任太尉，其弟刘繇为扬州牧、振武将军，他自己则先为侍中，后任兖州刺史。

初平元年（190年）春正月，刘岱和桥瑁、袁绍、曹操等其他诸侯起兵讨伐董卓，成为汉末群雄之一。后来讨董联盟瓦解，刘岱与桥瑁相恶，刘岱击杀桥瑁，攻占了东郡。

初平三年（192年），青州黄巾军攻入刘岱镇守的兖州，刘岱不纳鲍信固守之计，仓促与之交战，结果被杀。

另一个刘岱地位较低，是曹操的属下，沛国（治今安徽濉溪西北）人。曹操为司空时，刘岱任司空长史，因为跟随征战有功被封为列侯。建安四年（199年）十二月，曹操派遣刘岱与王忠一起前往徐州袭击刘备，被刘备击败，其后便消失在浩渺无际的史海之中了。

兖州刺史刘岱早在192年就已经在和黄巾军交战时阵亡了，如果他还能在199年和王忠一起去攻打刘备，那真是活见鬼了！

五、乌桓触

在写《三国演义》第十五回的过程中，罗先生断句时一不小心将长史杨弘断成了杨大将，在后来的第三十三回"曹丕乘乱纳甄氏，郭嘉遗计定辽东"中，他又犯了一个类似的更大的错误，结果无中生有地断出来一个幽州刺史乌桓触。

在《三国演义》里，乌桓触本为袁绍部下幽州刺史，后聚众降曹，加镇北将军，但熟悉历史的读者都会觉得这个名字颇为怪异，因为乌桓是东汉三国时期一个少数民族部族的名字，并非姓氏。同时，乌桓触和在他前面刚刚出现的幽州袁熙手下大将焦触都以名字中少见的"触"字为名这点也令人深感奇怪。

那么，乌桓触这个人物到底是怎么回事呢？看了下面这段历史记载，您肯定会大跌眼镜。据《三国志·袁绍传》："（袁）尚、（袁）

熙为其将焦触、张南所攻，奔辽西乌丸。触自号幽州刺史，驱率诸郡太守令长,背袁向曹。"其中的乌丸即乌桓,触则指焦触,显而易见,"乌桓触"之名是因为演义作者在阅读史料时的断句错误而诞生的。

最后一支黄巾军

　　184 年二月，太平道创立者张角一声呐喊，天下同时响应，在"苍天已死，黄天当立，岁在甲子，天下大吉"的声声怒吼中，近百支起义队伍在全国各地雨后春笋般出现，瞬间形成了燃遍汉季荒原、照亮无垠天宇的熊熊烈火。

　　张角振臂一呼的地方是如今的河北省巨鹿县，在这个地方西北一百公里的真定县（今河北省正定县），一个名叫褚燕、江湖人称"飞燕"的小伙子在西面的太行山里也拉起了一支主要由年轻人组成的起义队伍，然后就开始打家劫舍，劫富济贫，于是，名声越来越响，前来投奔的人越来越多。当他一路凯歌进入真定城时，手下已经有了一支万余人的队伍。

　　在东汉官兵和各地豪强的联合攻击下，黄巾大起义于当年年底失败了，褚燕带领他的军队撤进太行山区暂避风头，以待东山再起。

　　第二年，在真定东北方向一百公里的博陵（今河北省蠡县）出现了一支新的黄巾起义军，领导人名叫张牛角，这是一位像后世的宋江一样在江湖上很有地位的传奇人物。张牛角的黄巾军初生牛犊不怕虎，很快就在冀州中部打出了一片天地，并且引起了褚燕的极大关注。

褚燕早就听闻过张牛角的鼎鼎大名，张牛角领导的起义军如火如荼的发展态势更令他钦佩不已，就派人和张大哥联系，表示愿意与之合兵一处，唯其马首是瞻。张牛角也是个爽快人，于是，一支势力更强的黄巾军诞生了，这就是历史上著名的黑山军。

张牛角的名气如宋江那般响亮，命运却和晁盖一样悲催，合兵之后没有多久，他就在进攻瘿陶（今河北省宁晋县）时中箭而逝了。虽然张牛角和褚燕相处的时间并不是很长，但他们两个一见如故，惺惺相惜，已经建立了深厚的兄弟情义和革命友谊。在张牛角死之前，他把起义军的重要将领都召集到他的床前，用虚弱却又坚定的声音对他们说："必以燕为帅！"为了表示对大哥的感激和怀念，也为了得到更多将领的支持拥护，褚燕从成为黑山军一把手那天起就把名字改成了张燕。

在张燕的领导下，黑山军的实力一步步增强，逐渐控制了八百里太行山及其周围的大片区域，黑山大王张燕俨然成了和冀州牧、幽州刺史等相提并论的一方诸侯。

俗话说"饱暖思淫欲"，对于张燕来说则是"饱暖思官位"，他的黑山军在太行山区站稳脚跟，所向无敌之后，他就像《水浒传》中的宋江一样想给兄弟们，特别是自己，谋个前程了。于是，张燕给汉灵帝写了一封长信，先向皇帝请罪，做了深刻的自我批评，然后表示了愿意归顺朝廷之意。汉灵帝虽然昏庸，也知道黑山军是个让朝廷头疼得厉害角色，一见张燕主动服软，也就乐得顺坡下驴，用一个有名无实的官位把张燕和黑山军拉进了汉政府的一亩三分地里。

188年左右，汉灵帝任命黑山军领袖张燕为平难中郎将，让他负责太行山地区的行政和治安事务，并且同意他每年向朝廷推荐一定数量的官员候选人。张燕的黄巾军虽然名义上归顺了东汉朝廷，实际上还是一支独立的军事武装，而且是当时实力最强的起义军之一，这也是他们能够成为最后一支黄巾军的重要原因。

两年后，汉灵帝驾崩，东汉朝廷矛盾重重，乱成了一锅粥，西凉军阀董卓趁乱进京，掌握了朝政大权。此贼倒行逆施，杀人如麻，误国害民，激起了全国上下的强烈愤怒，这才有了历史上的关东诸侯伐董卓。张燕虽然没有直接参加征讨董卓的军事行动，但他其实是这次活动的积极支持者，他不仅和反董的诸侯结成了同盟，还派出了部分军队参战。

董卓最终死在了干儿子吕布手中，而关东诸侯则早在伐董失利后就已经开始了互相争夺地盘的大内讧。作为反董关东军领袖的袁绍首先夺取了韩馥的冀州，接着又和幽州的公孙瓒发生了你死我活的土地、人口争夺战。

当时袁绍和公孙瓒之间的实力对比已经由势均力敌转向了前者占据上风，张燕担心自己会被越来越强的袁绍吞掉，就选择了和公孙瓒的幽州军共同对抗冀州军。这时，一个超级军事强人投到了袁绍阵营之中，不是别人，正是称为"马中赤兔，人中吕布"的三国第一名将吕布吕奉先。

吕布固然了不得，但张燕也的确不得了，两军在张燕的故乡（也是赵云的故乡）常山拉开了战场，冀州军和黑山军大战了十天，直杀得天昏地暗，血流遍野，最后也没分出个谁胜谁负。这场大战让张燕的黑山军遭受了不小的损失，但袁绍再也不敢招惹这支最后的黄巾军了，即使在199年他完全灭掉了公孙瓒的军事势力之后，也没有再次向援助公孙瓒的张燕发难。

第二年，官渡之战爆发，雄心勃勃的袁绍本来想击败曹操一统中原，结果却由于各种原因被曹操打得一败涂地，国破家亡。这时，张燕面对的政治形势和以前完全不一样了，曾经和他并肩而立的公孙瓒和袁绍都已经败亡身死，现在只有他一方势单力孤地和实力越来越强大的曹操抗衡了。

张燕是一个识时务的俊杰，也是一个有眼光的英豪，他能感觉到曹操非一般人物可比，与其等待对方前来征讨，不如自己前去投诚。于是，他就率领十余万黑山军加入了曹操北伐乌桓的大部队。至此，在经历了二十年的风雨征程后，最后一支黄巾军以和平的方式消失在历史的滚滚洪流之中，为后世留下的是一段独具风采、与众不同的历史传奇。

三国名将中有个吝啬鬼

提起三国名将，你可能会想到蜀国的关羽、张飞、赵云、马超、黄忠、魏延，吴国的周瑜、吕蒙、陆逊、甘宁、太史慈，魏国的夏侯惇、夏侯渊、曹洪、曹仁、张辽、徐晃、许褚等。

说到吝啬鬼，大家会想起莎士比亚剧中的夏洛克、果戈理笔下的泼留希金、莫里哀剧中的阿巴贡、巴尔扎克笔下的葛朗台，还有《儒林外史》里的严监生。

但是，如果说三国名将之中有一个超级吝啬鬼，而且就在上面列举的名单里面藏身，各位会不会感到难以置信呢？不管你信不信，这个事还就是真的，这个人是谁呢——曹洪。

对于曹洪的英雄事迹，喜欢《三国演义》的朋友肯定不会陌生，比如舍命献马救曹操，比如横刀立马拒张飞、马超。可要说起他因为吝啬差点丢了脑袋的经历，其间的风起云涌、云谲波诡丝毫不亚于生死攸关的战场上的那些事儿。

最吝啬的人往往是最豪富的人，上面那些吝啬鬼无不如此，作为名将的曹洪虽然身份和他们大相径庭，在这一点上却也毫不例外。

咱们先来看看曹洪有多么豪富。

曹洪舍命献马救曹操的故事"三国粉"们肯定耳熟能详，但说起这匹马的底细，清楚的人恐怕就不多了。这匹马可不是一般的坐骑，乃是名为"白鹄"的一代神马。据说此马奔跑之时，马上之人只能察觉到耳边有风，根本听不到马蹄触地的声音。当日曹洪护卫曹操到达汴河岸边，曹操见有水挡路，就把曹洪拉上白鹄共同骑行渡河，等他们到达对岸时，竟然发现白鹄的蹄子上的毛竟然一点也没有湿，这简直是传说中的"御风而行"。

关于这匹神马，还有一个谚语叫作"凭空虚跃，曹家白鹄"，要知道，这个"曹家"可不是曹操家，而是曹洪家。

曹洪之豪富还有一个证据。当年曹操为司空时，每年都安排县令对家在此县的官员的家庭财产进行评估，谯县县令发现曹洪的财产竟然达到了和公侯之家相当的水平。曹操得知此事后，慨然长叹曰："我家赀那得如子廉耶！"

曹洪的豪富不同一般，吝啬起来竟敢在太子头上动土。

魏文帝曹丕做太子时，有一段日子急需大量资金，于是就想起了家资豪富的曹洪。虽然曹丕对曹洪的抠门吝啬早有耳闻，但他觉得曹洪应该不会驳他的面子，毕竟他是一人之下万人之上的太子呀！可是随后的事实打了太子曹丕的脸——曹洪婉言拒绝了。曹丕气得把牙齿都要咬碎了，心底暗暗发誓将来必定报此仇。

黄初七年（226年），曹丕等了十几年的机会终于来了。

这一年中，曹洪的门客骄纵不法犯下了重罪，曹丕严令有关部门追查曹洪的纵容包庇之罪，负责侦办此案的官员领会了皇帝的意思，将曹洪判了死罪打入深牢大狱。元老重臣们听说老将曹洪面临死刑，纷纷前去求情，曹丕一概不准。

这时，决定曹洪命运的另一个人物——卞太后出场了。卞太后深知曹洪虽然吝啬，却对曹操一片忠心，而且曾经救过曹操的命，所以一方面努力给曹丕做说服工作，一方面借着训斥儿媳妇郭皇后给曹丕颜色看。

在曹丕这儿，卞太后坦率直言："梁、沛之间，非子廉（曹洪，字子廉）无有今日。"在郭皇后那儿，卞太后语带威胁："假如曹洪今天死，明天我就让皇帝废了你。"卞太后的双管齐下成功地把曹洪从断头台上救了下来。

但是，死罪可免，活罪难逃，名将曹洪最终被皇帝曹丕废为庶人，官位、爵号、封邑等都被剥夺了，面对这样的结局，不知曹洪是否后悔当初那么吝啬……

吴质其人

唐代大诗人李贺有一首非常精彩的诗作名为《李凭箜篌引》，其中最后两句是这样写的：吴质不眠倚桂树，露脚斜飞湿寒兔。此处，李贺很可能一不小心犯了一个错误，把吴刚写成吴质了。

中国人都知道，月亮之上有一个挥动斧头砍桂树不止的神仙名叫吴刚，关于他的最早文字见于《酉阳杂俎》一书，作者是稍晚于李贺的段成式。但是吴刚斫桂的故事在此书面世之前就已经在流传了，所以吴刚才会由于李贺的小疏忽以吴质之名出现在他的诗句中。

吴质虽然不如吴刚有名，却是历史上真实存在的一个古人，而且和很多三国名人有着剪不断的密切关系。

首先，吴质和曹操父子，特别是曹丕，关系不一般。

"三曹"（曹操、曹丕和曹植）和"建安七子"是建安文学的代表人物，他们时常诗酒唱和，书信往来。遗憾的是，伴随着公元217年陈琳、刘桢、应玚、徐干先后殁于瘟疫，"建安七子"已经都离"三曹"远去了，曹氏父子没有了知音，只好"矬子里头拔将军"，在文臣中寻找新的唱和者，文采不错的吴质于是成了曹丕和曹植都想拉入其阵营的人物。

曹植写了一封《与吴季重（吴质字季重）书》，希望吴质能够和他站到一起，但吴质深知就政治能力而言曹丕远在曹植之上，就回了一封《答东阿王书》，婉言谢绝了曹植的邀请，进而死心塌地为曹丕出谋划策。在帮助曹丕赢得魏国世子之位上，吴质主要做了两件大事：一是告诉曹丕在给曹操送行时以动人的眼泪战胜曹植天下第一的才华，为曹丕上位打下了感情基础；二是以一招妙计瞒过曹操，打败杨修，最终成功地把曹丕推上世子之位。

在第二件事上，吴质可谓技高一筹，竟然让曹操这个天天打鸟的被鸟啄了眼睛。其实吴质这一招曹操早年就用过。

曹操年轻时整天和袁绍等人一起斗鸡走狗，他的叔父对此非常不满，就总是在大哥曹嵩耳边说侄子的不好。某一天曹操假装得了癫痫并且故意让他叔看见，于是他叔就跑去给曹嵩报信，可曹嵩见到儿子曹操时却发现他好好的，从那以后再也不信曹操他叔的话了。

吴质打败杨修靠的也是这一招，只不过曹操自导自演，吴质后发制人。

吴质用计败杨修是这个样子的，大家看是不是和曹操当年对付他叔时的做法异曲同工——曾经有一段时间，曹操好像打算立曹植为世子，曹丕又气又急，便让吴质藏在车上装绢的竹箦内进府商量对策，不巧被曹植的心腹、主簿杨修看见了，杨修便到曹操那里告了曹丕一状，但曹操并未派人前去查验。曹丕知道后害怕了，问吴质怎么办，吴质道："这有什么？明日再把绢放在竹箦中用车运进府来就是。"第二天曹丕依计而行，杨修又去向曹操报告并且要求派人去查，结果看到的却是满筐的绢，于是曹丕躲过了一场大麻烦，而杨修却被曹操认为心怀叵测，为他日后被杀埋下了伏笔。

曹操父子之外，还有三个三国大名人和吴质有着非常密切或特殊的关系，他们分别是大名鼎鼎的司马懿、创立九品中正制的陈群和曾与司马懿并肩作战的名将曹真。吴质和司马懿、陈群都是曹丕身边的智囊级人物，他们和另一个重要谋士朱铄并称为"四友"，曹丕能够战胜曹植夺得世子之位并最终登上皇帝宝座，"四友"可谓劳苦勋高，居功甚伟。

吴质这个人本事确实不小，但他的脾气和傲气却远比本事要大，这一点朱铄深有体会。

吴质虽然出身低微，却生来狂傲自负，他的父老乡亲们都对他深为不爽，他则我行我素，满不在乎，直到遇见既有才华又有权势的"三曹"，他那一对一直伸展着的扑棱棱的翅膀才有了收敛的倾向。但是，吴质不在曹氏父子身边时，其狂傲之气还是会不由自主地发作出来，最厉害的一次发生在 224 年。

这一年的某个月，吴质从他任职的河北回到京城洛阳向皇帝曹丕汇报工作，曹丕安排众将军到吴质府上为他接风洗尘。吴质本来就自以为文采盖世，根本不把众武将放在眼里。他见皇帝这么给他长脸，心中的狂气愈发澎湃汹涌，暗中决定要拿两个形象特别突出的将军开涮。在魏国军界举足轻重的曹真是一个大胖子，而掌管禁军的朱铄是一个竹竿似的瘦子，他们两个不幸成了吴质搞恶作剧的对象。

正当众将觥筹交错、举杯畅饮之际，两个说书艺人在吴质的安排下走上了舞台，作揖施礼后就开始一唱一和，声情并茂地讲演关于胖子和瘦子的笑话。吴质则故意不时地看看曹真，瞅瞅朱铄，把众人的眼光往他们两个身上引，结果武将们一个个笑得挥手顿足，前仰后合。

身为魏国宗室的曹真回过味来后感觉深受其辱，站起身来怒视吴质，质问对方此举何意。吴质居然毫不示弱，手按宝剑怒斥曹真无事生非。朱铄赶上前来想打个圆场，目中无人的吴质根本不给他面子，让他哪儿凉快哪儿待着去。朱铄见吴质如此狂妄，他也急了，怒气冲冲拔出宝剑插在了地上……结果，一场欢迎酒会弄得剑拔弩张，不欢而散。

吴质就是这样一个狂人，除了才华远胜于他的"三曹"，他好像把谁都不放在眼里，所以对他来说有一个正常的人际关系几乎是不可能的，如果他死在曹丕前面，那也算得功德圆满，名利双收了。不幸的是曹丕先他而去，等到他七年后去世时，非常讨厌他的文武群臣和对他不感冒的皇帝曹叡给他拟定了一个充满嘲讽的谥号——丑侯，这也算是他为自己的狂妄付出的代价吧。

历史上的"猪八戒"

《西游记》中唐僧、孙悟空、猪八戒、沙和尚师徒四人西天取经的故事在中国绝对是家喻户晓，妇孺皆知，他们鲜明生动、各有特点的形象早已在国人中生根发芽。唐僧玄奘在历史上是确有其人的，三个徒弟则都是虚构的文学形象，但是，令人大跌眼镜的是，中国历史上还真有一个西行取经的"猪八戒"，他就生活在大家非常熟悉的三国时期。

历史上的"猪八戒"姓朱名士行，法号八戒，是三国时魏国的一位高僧，他不平凡的人生和玄奘相比毫不逊色。

203年，正当曹操和袁绍的儿子们在河北地区杀得不可开交时，一个男婴在河南颍川（现在的许昌市）的一个朱姓贫穷家庭出生了，父母给他取名叫士行，希望他干么么行，做啥啥成，这个孩子就是日后的得道高僧朱八戒。

为了能有口饭吃，有件衣穿，家境贫寒的朱士行在少年时就出家为僧了。但他一直没有像印度僧人那样受戒，也就是说他是一个编外和尚，没有举行正规的入行仪式，头顶上当然也就没有那代表身份的十二个金光闪闪的戒疤。需要说明的是，在当时的中华大地上，受过戒的僧人都是来自印度（当时叫天竺）的外国和尚。

朱士行的编外和尚一当就是三四十年，直到 250 年，曹操的重孙齐王曹芳当皇帝的时候，朱士行才得到了转正的机会。

这一年，魏国都城洛阳的佛教信徒们迎来了一位来自遥远的西方的尊贵客人，他就是印度高僧昙柯伽罗。昙柯伽罗此行的目的主要有两个，一是译经传道，一是剃度新人。

很快，中国有史以来第一座戒坛在最早的寺院白马寺建立起来了，立志献身佛学的朱士行首先登坛受戒，成为了中国第一个得到佛教总部认可的比丘僧人。

早在受戒之前，朱士行就已经致力于研读佛教经典了，成为戒度僧后，他开始专心解读研究《小品般若》，并且经常给信徒们讲经解惑。

几年之后，朱士行陷入了一个莫大的苦恼，因为他对《小品般若》的解读越深入，就越发现这部佛经有问题——不但有些词句意思模棱两可，令人费解，而且经常出现前言不搭后语的情况。

一心想攀登佛学高峰的朱士行对此深以为憾，当他听说西域有保存完整的梵文版的《大品经》（《小品般若》是《大品经》的一种简译本）时，就下定决心要排除万难去西域为东方的广大信徒求取真经。

260 年，经过了长时间充分细致准备的朱士行，怀着满心热情一腔热血，独自一人踏上了西行取经的漫漫长路。

即使现在，从河南洛阳西上新疆西部也是一个让人有点发怵的畏途，三国时候的交通条件和如今相比无疑是有着天壤之别。所以，我们可以想象朱士行一路之上会遇到多少的艰难险阻和意外考验。朱士行的西行取经之路虽然不像《西游记》中所描绘的那样一路妖魔，惊心动魄，但对于没有坚定意志和必胜信心的人来说，那也绝对是一个不可能完成的任务。

一心向佛的朱士行坚信世上本没路，有人敢于走过就有了路。凭着对佛祖的忠诚和从小磨炼成的韧劲，他在穿越了沙漠雪山，经历了千辛万苦之后，终于到达了西域的佛经圣地——位于塔克拉玛干沙漠南缘的于阗城（今新疆于田）。

按理说，既然已经到了佛经圣地，取经大业应该已经接近成功了，但是，朱士行却遇到了来自于阗僧人的巨大阻碍。

于阗的僧人虽然没有像如来佛身边的阿傩伽叶那样向取经人索要"人事"（贿赂也），却给朱士行造成了完全出乎意料的麻烦。

原来，当时在于阗盛行的是小乘佛教，而朱士行想要带回东土发扬光大的《大品经》是大乘佛教的经典，是信仰小乘佛教的于阗僧人眼中的异端。于是，于阗的僧人们开始了对朱士行的围追堵截，他们人多势众，来势汹汹，给朱士行带来了巨大的压力。

在这种情况下，朱士行只好采取"曲线取经"的方式，一方面表示自己要留在于阗研究佛经，一方面暗中为东传《大品经》做准备。直到二十年后的 282 年，《大品经》才在八十岁的朱士行安排下由他的弟子弗如檀成功送到洛阳，那时候历史已经由三国时代进入了大一统的晋王朝。

朱士行传到东土的《大品经》翻译之后立刻风行京华，凡有心讲习的都将之奉为圭臬。当时的中山国高僧派人到京城用绢布抄写，取回中山国时，中山王和僧众高举幢幡，出城四十里迎接，一时盛况空前，传为佳话。

完成取经大业后不久，心愿已了的朱士行眼望着遥远的东方，在几千里外的西域遗憾地病逝了。为了西行取经，他不但献出了自己的后半生，而且将生命永远地留在了异国他乡……

朱士行凭借舍身求法的大无畏精神开创了西行取经的先河，在他的感召下，一百多年后，另一个取经人开始了西上印度的艰苦征程，这个人是东晋高僧法显，又过了二百多年，又一个取经人在长安踏上了印度之行的漫漫长路，这个人就是大唐高僧玄奘。

一部三国仨曹节

如果说一部三国史中有三个名为曹节的人物，您可能会觉得这有点天方夜谭。然而，事实的确如此。先说说《三国演义》中的第一个曹节。

这个曹节是个大宦官，在第一回中就已经出现，那时是光和元年（178年），他在汉灵帝的朝堂上现身是没有问题的，但是，在第三回中，历史的步履已经走进了公元189年，而曹节还在皇宫里边，这就和历史不相符了，简直是活见鬼了，因为据历史记载，曹节早在181年就死了，他无论如何是不可能在189年董卓进京之前和张让等人劫持汉少帝与陈留王（即后来的汉献帝）的。

但曹节确实如《三国演义》所写是个罪大恶极、劣迹斑斑的家伙，他曾劫持窦太后、汉灵帝，矫诏杀害意图剪灭宦官的国丈窦武、太傅陈蕃。不久又兴第二次党锢之祸，与宦官侯览收捕李膺、杜密等党人百余名下狱处死，流徙、囚禁他们的亲朋故旧达五六百人，几乎使天下正人端士为之一空。曹节在残害忠良的同时，把他家中的父兄子弟、身边的猫猫狗狗都推上了官位，从中央的公卿到地方的刺史、太守、县令，每个级别的官员都有很多他的嫡系。这些靠着曹节而升天的"鸡犬"们个个横行霸道，鱼肉百姓，而其中又以他的亲兄弟越骑校尉曹破石最为荒淫暴虐。

《三国演义》中的第二个曹节乃是一个女性，而且是一个绝对不一般的女性，既是当朝皇后，又是宰相千金，可谓要风得风，要雨得雨，然而，她的不幸和痛苦却也并不比别人少。

曹节的老爸不是别人，正是人称"奸雄"的曹操，她的老公则是曹操手掌中的傀儡皇帝汉献帝，曹节最美好的青春岁月就是在这对特别翁婿之间的政治缝隙中挣扎着度过的。

213 年，曹操做了一件不同寻常，虽不大却也不小的事情，他一下子把三个亲生女儿——曹宪、曹节、曹华献给了汉献帝。曹节当时十八岁，年龄正好居中。俗话说"皇帝的女儿不愁嫁"，曹节则是"丞相的女儿不愁封"，她一入宫就是夫人，第二年又升为贵人，就在这一年，伏皇后为了除掉曹操而给她父亲写的密信被人发现，结果处以幽闭之刑，于是，曹节一步登天成了一人之下万人之上的皇后，不过。她之上的这个人并不是汉献帝，而是他的老爸曹操。

虽然汉献帝在皇后曹节面前言行谨慎，不敢造次，但曹节并没有仗着老爸的势力对献帝颐指气使，施令发号，而是真诚相待，以心换心。慢慢地，她用自己的爱温暖了汉献帝那颗冰冷的心，夫妻俩终于可以相亲相近，琴瑟和谐了。然而，一场政治飓风不久就降临了——她的哥哥曹丕强迫汉献帝禅让帝位，企图代汉建魏。曹节怒不可遏却又无可奈何，只有紧握玉玺不放，以此来保全大汉皇家的尊严。曹丕的使者来过几次之后，曹节知道如果自己再执意不肯交出玉玺，汉献帝的安全就难以保障了。此时，曹节表现出了女中丈夫的一面，她含泪起身，愤怒地把玉玺掷到台阶之下，厉声斥道："苍天有眼，决不让你长久！"

被逼退位的汉献帝被封为山阳公，迁居云台山下的山阳城（在今河南省焦作市），而曹节却被曹丕留在了京都洛阳。曹节不愿与丈夫分离，甘心和丈夫一起受难吃苦，几经抗争后终于来到了汉献帝身边。曹节辅助献帝在山阳与民休息，减赋免税，行医救民，兴办学馆，在历史上，特别是河南历史上，写下了浓墨重彩、百世流芳的一笔。

第三个曹节不见于《三国演义》，但与三国故事有着密不可分的关系，他不是别人，正是曹操的曾祖父，也就是俗话说的老爷爷。

关于这个曹节的历史资料非常有限，其中的小故事"认猪不争"却很值得讲一讲。

话说有一天，曹节的一个乡邻丢了一头大肥猪，他发现曹节家里有一头猪和他丢的那一头一模一样，于是便上门去索要。曹节笑呵呵地什么都没说就让他把猪抓走了。几天后，那个乡邻家丢失的猪自个儿回家了，他这才知道自己冤枉了曹节。此事过后，曹节的宽宏大量在谯县（今安徽省亳州市）一时传为美谈。

行文至此，有一个问题浮出了水面——既然曹操的曾祖名叫曹节，按理说他不应该给自己的女儿取名为曹节呀！如此行事乃对先人大不敬之举，在当时应该是个非常严重的问题。向来主张"不得慕虚名而处实祸"的曹操为什么会选择这样做呢，是想标新立异以示与众不同呢，还是一时不慎以至"数典忘祖"了呢? 期待有关专家在不久的将来能够为人们解开这个虽不大却甚有趣的历史之谜。

曹操杀害杨修的第一原因

谈到曹操杀害杨修的原因，普遍的说法是：第一，杨修自作聪明，多次坏了曹操的兴致，令曹操恼羞成怒，怒下杀手；第二，杨修与曹植关系密切，势必会影响曹丕在曹操死后顺利接班。窃以为，这都不是曹操杀害杨修的第一原因，试想，祢衡在朝臣宴上对曹操裸衣痛骂，岂不更坏了曹丞相兴致，为什么他没有被曹操杀死呢？丁仪、丁廙兄弟和曹植的关系更为密切，绝对是曹植的死党，为什么他们也没有死在曹操刀下呢？

曹操杀害杨修的第一原因是什么呢？这要从杨修的出身说起。

咱们都知道袁绍家族非常了不得，有道是"四世三公"，"门生故吏遍天下"。其实，杨修家族和袁绍家族一样了不起，而且有过之而无不及。顺便说一下，东汉时三公指太尉、司徒、司空，是仅次于皇帝和丞相（有时候不设丞相）的国之重臣。

杨修的父亲是谁？太尉杨彪。杨彪为人忠烈，同时的朝臣中几乎无人可比。他早年在担任京兆尹（相当于现在的北京市市长）时就曾经顶着巨大压力，冒着生命危险处死了祸国乱政的大宦官王甫。

国贼董卓意欲迁都长安时，满朝文武谁也不敢提出异议，只有太尉杨彪秉持忠义，据理力争，因此被董卓免官。董卓死后，杨彪又被汉献帝任命为太尉，并且在李傕、郭汜之乱中不避艰险，矢志护主，其耿耿忠心苍天可鉴。后来曹操专权，玩弄献帝于股掌之中，一片忠心的杨彪甚为不满，结果遭到曹操忌恨，被以大逆之罪打入大狱，多亏孔融力救才得以恢复自由。

杨彪的父亲是谁？太尉杨赐。杨赐忠心为国，经常直言进谏，曾经成功预言过黄巾大起义的爆发，还与大学者蔡邕共同校勘了文化史上著名的《熹平石经》。

杨赐的父亲太尉杨秉忠直刚烈，爱民如子，疾恶如仇，在地方做刺史时，为官一任造福一方。在中央任太尉时，劾奏贪官五十余人，被弹劾者或死或免，天下莫不肃然。

杨秉的父亲更是一位高风亮节、光照千秋的人物，谁呢？"关西孔子"杨震，作为高门望族弘农杨氏的第一代，杨震在历史上的名气是高于汝南袁氏第一代袁安的。

杨震之所以被称为"关西孔子"，一是他通晓儒家典籍，经学修养深厚，堪称今文经学的集大成者；二是他在关西（就是现在的关中地区）开馆教徒，讲学授业长达三十余年，像孔子一样有三千弟子。杨震最为人称道的是他深夜拒绝巨额礼金时发出的"四知"名言：天知，地知，我知，子知，何谓无知者？他也因此被后世尊称为"四知先生"。杨震"暮夜却金"的经历发生在他赴任东莱太守路经昌邑时，所以"四知先生"既是陕西人的骄傲，也是山东人的光荣。杨震非常重视对子孙的教育，不仅要求他们"蔬食步行"，力戒奢华，秉持正义，忠君爱民，而且坚决不肯为他们置办产业，因为在他心中留给子孙后代的最大遗产就是清白廉洁的名声。

在杨震的教导和影响下，杨秉、杨赐、杨彪等人极好地传承了杨震的品德和作风，从而在东汉朝廷乃至整个天下都树立了美好的名声和崇高的威望，在仁人志士之间可谓一呼百拥，自然也就成了权臣提防、忌惮甚至憎恨的对象，曹操和杨彪之间的矛盾以至于斗争就是最好的例证。

196年，汉献帝刚刚从李傕、郭汜（董卓的部下）等关西军阀那儿逃脱，接着便陷入了兖州刺史曹操的势力范围，被动地将都城迁到了曹操选定的许昌。杨彪当时身居太尉，一直在献帝身边尽忠护主，他眼见皇帝才离狼窝又入虎穴，心中悲愤交加，在朝臣宴上面露不悦之色，意欲"挟天子以令诸侯"的曹操本来就心间有鬼，看到杨彪对他冷眼相待，更觉忐忑不安，竟然宴会还未结束就悄悄离开了。

一代枭雄曹操这样的人物面对不怒自威的杨彪尚且因为惧怕知难而退，杨氏家族之德高望重、名重朝野于此可见一斑。

刚刚得势的曹操不敢明着向杨氏家族发难，暗地里却朝杨彪伸出了黑手。他先是迫使小皇帝免掉了杨彪的官职，以报复朝臣宴上的冷眼之仇。不久，曹操抓住袁术称帝的由头，诬陷杨彪和袁术借着亲戚关系相互勾结，意欲颠覆汉朝，结果杨彪在罢官之后又身陷囹圄。

虽然曹操在迫害杨彪这个事儿上一直站在幕后，但众人的眼睛是雪亮的。于是，高门望族的另一位代表人物孔融直接上门找曹操论理，为杨彪辩冤。面对孔融的严辞利口，曹操理屈词穷，无言以对，只能拿无辜的小皇帝当挡箭牌，恰好在这个时候，负责此案的满宠也恳请曹操不要在没有确凿证据的情况下处决杨彪，以免海内震动，大失民心。最终，曹操不得不再次以小皇帝的名义收回成命，恢复杨彪的自由之身。

曹操虽然对杨彪的不合作态度嗤之以鼻，恨之入骨，但他还是想拉虎皮做大旗，把作为士族代表的杨彪放到高位上为他撑门面，收拢天下士人之心。于是，杨彪在被释放后不久又被拜为太常。后来，曹操羽翼渐丰，势力野心越来越大，就再一次朝高门望族举起了大棒和屠刀，他先是在 205 年罢免了杨彪的职位，第二年又剥夺了杨彪的爵位，继而在南下攻打荆州刘表和江东孙权之前，以"招合徒众""欲图不轨""谤讪朝廷""不遵朝仪"的罪名杀害了孔融。

早在爵位被剥夺的那年，杨彪就感觉到汉室江山已经日薄西山，复兴无望，虽然心中无比悲凉，却也无可奈何。年过花甲的他唯一能做的就是远离政治旋涡，深居简出，明哲保身。后来每逢曹操请他出山重新任职，他都以"腰酸腿疼脚抽筋"为由予以拒绝。曹操是个"以眼还眼，以牙还牙"的角色，每次在杨彪那儿碰了一鼻子灰后，他都恨得牙根咯吱咯吱作响，发誓要弄个罪名把这个不识抬举的老家伙置于死地。但是，杨彪行得正坐得端，曹操即使想对他行诬告陷害之事也实在找不到下手的把柄。

眼看着通过杀死杨彪震慑那些高门望族的计划要落空，曹操在他生命的最后几年里把矛头转向了杨彪的儿子杨修——既然老的无缝可叮，那就让小的当替死鬼。偏偏杨修是个恃才傲物、目空一切的人物，想抓他的小辫子简直易如反掌，这就为他的悲剧结局埋下了祸根。

　　对于杨彪、孔融等代表的高门望族，出身宦官家庭的曹操一直保持着"羡慕嫉妒恨"的心态。当初曹操对于杨修非常信任，特别重用过，"是时，军国多事，修总知外内，事皆称意。自魏太子已下，并争与交好"，他这样做一是杨修确实有才能，二是他想借此和杨彪拉关系。但清高忠直的杨彪始终不买他的账，始终是非暴力不合作的态度。这样一来，曹操的仇恨心态最终后来居上占据了上风，当这种情绪累积到一定程度时，他就要对杨氏家族挥起屠刀了。

　　其实早在杨修被害三年前，已经有一位士族名流遭了曹操毒手，他就是清河崔氏的领袖人物崔琰，罪名竟然是"结交宾客""有所怨忿"。杨修的罪名是什么呢？"泄露言教""交关诸侯"，前者当指"鸡肋"一事，后者自然是说杨修参与了"立储之争"。前文笔者已经提到这其实都是表面文章，曹操杀死杨修的真正原因或者说第一原因应该就是他对杨彪及其身后高门望族的嫉恨，他在事后的一个奇怪表现足以为证。

　　杨修被杀后，曹操特意在某个场合和杨彪碰了个面，然后故意问这位刚刚失去儿子的父亲："杨公为什么这般消瘦啊？"杨彪回应他说："我虽然自愧没能像金日磾那样具有先见之明（亲手把儿子杀死），但还是放不下常人都有的老牛舔犊之心呀！"

可能有人会说，杨修被杀很大程度上是咎由自取，因为他性格过于自负，做人太过张扬，毕竟"一人一口酥""门上加活是个阔""鸡肋食之无味，弃之可惜""丞相非在梦中，汝等在梦中"等背后的故事太耳熟能详，太脍炙人口了。殊不知，按照《典略》中的记载，杨修是个"谦恭才博"的人，和"张扬自负"相隔十万八千里，如果确实如此，那么，应该是曹操、曹丕父子在杀害杨修后又派人往他身上泼了脏水，以便证明杨修是如何该死，他们是如何宽容。假如这个猜测被证实是历史真相，某些专制独裁者的狠毒无耻于此可见一斑。

他还是步了老子后尘……

红遍亚洲的电视剧《甄嬛传》演的是清朝雍正年间的故事。但是，从其原著中的年号来看，甄嬛似乎生活在唐朝中期，因为乾元乃是唐肃宗的年号。然而，从甄嬛的姓氏和芳名来看，她身上明显有着三国时期魏文帝后宫的影子。

魏文帝曹丕先后有两个最爱，第一位姓甄名佚（后人习惯称她为甄宓），第二位姓郭名嬛，在这种情况下，如果说甄嬛这个名字拥有甄后的姓和郭后的名只是个巧合，你觉得可能性有多少呢？

曹丕的长子曹叡是甄后的亲生骨肉，后来却认了甄后的情敌郭后做母亲，这究竟是怎么一回事呢？

当年袁绍占据了黄河以北和山东的大片土地后，把青、幽、冀、并四州分别交付给了长子袁谭、次子袁熙、三子袁尚和外甥高干。彼时幽州城正处在胡汉冲突的前沿，袁熙和妻子甄氏不得不开始了两地分居的生活，然而他们没有想到最后的那次生离竟然成了永远的死别。

204 年，曹操的大军攻占了袁绍集团的中心城市邺城，曹丕在袁府第一次见到甄氏并且对她一见钟情了。至于甄氏对曹丕什么感觉我们不得而知，但她作为战败方的女眷除了服从只有死亡一条路可选，而她彼时并没有那样的勇气。

205年，甄氏生下了一个男孩，就是后来的魏明帝曹叡。因为曹叡出生的日子距离甄氏被曹丕纳入帐中的时间不够远，后世就有了曹叡其实是袁熙的遗腹子的说法，此说虽没有充分的证据，却也不能完完全全彻彻底底地排除。

后来，不知是由于年长色衰，还是由于郭嬛的介入，还是由于别的什么原因，曹丕对甄夫人的宠爱渐渐松弛了，冷淡了，甚至消失了。

郭嬛是在214年前后来到曹丕身边的，虽然她当时的身份只是一个歌妓，但她名字中的那个嬛字足以证明这不是一个一般的女子。嬛者，琅嬛之嬛也，琅嬛者，天帝藏书之所也，而且她还有一个让别人替她胆战心惊，让曹丕为己欣喜若狂的字——女王，既然曹丕的女人是女王，曹丕当然认为他自己应该是男皇帝了。

郭嬛当然也是个美女，但她更让曹丕爱慕的是她的谋略。在曹丕和曹植争夺世子之位的斗争中，郭嬛居功甚伟，这也成了她日后战胜甄夫人的一个资本。

220年，曹丕强迫汉献帝禅位给他，大汉灭亡，曹魏建立。曹丕称帝后，郭嬛被封为后宫之主，地位超过了甄夫人。已经为曹丕生下一儿一女的甄夫人自然心有不甘。更糟糕的是，她在某一天发出了怨言，而且传到了曹丕耳中。这时，曹丕的心里只有郭嬛，已经容不下甄夫人了，他闻言龙颜大怒，下旨赐死甄夫人。

行文至此，我们可以说，《甄嬛传》中回宫前的甄嬛是甄夫人的化身，回宫后的甄嬛则是郭嬛的影子。

甄夫人被赐死时，她的儿子曹叡已经十八岁了，眼见亲生母亲惨死的苦痛可谓椎心泣血，此恨何极！但这只是命运对他的第一次残酷考验。

古语曰"爱屋及乌"，反之亦然，曹丕不但赐死了甄夫人，还把怒火发到了曹叡身上，将曹叡从齐公降为平原侯。

曹丕一直期待郭嬛为他生下一个儿子，但郭嬛的肚子极其不争气，别说儿子，连个女儿也没生出来。在这种情况下，曹丕向曹叡祭出了命运的又一个残忍考验，他下诏命令曹叡以对待生母之礼侍奉郭嬛，并将此作为是否立曹叡为太子的重要参考因素。曹叡为了保住自己的性命和前途，不得不把满腔仇恨压在心底，每天早晨晚上去给郭嬛问安，如果郭嬛身体有恙，他还要像照顾亲生母亲一样端汤奉药。想想曹叡那几年痛苦而隐忍的准太子生涯，他真是活得万分无奈，可怜至极！

曹叡是曹丕的长子，而且他在政治能力、文学才华方面和老爸很像，这是曹丕始终没有放弃他的重要原因，他对于郭嬛的谦恭孝顺最终使他获得了曹丕的认可。

226 年，曹丕在病逝前不久宣布立曹叡为太子，几个月后，曹叡继位登基，是为魏明帝。曹叡终于有机会为惨死的母亲甄夫人平冤昭雪了，甄夫人被追封为文德昭皇后，她的家人也获得了大量封赏。因为郭嬛对曹叡还算不错，曹叡并没有和她为难，而是照例将其尊为皇太后供养起来了。

魏明帝曹叡对于他老爸的皇后郭嬛是以德报怨，对于他自己的皇后却是以怨报德。

曹叡的皇后姓毛，夫妻二人婚后一直举案齐眉，琴瑟和谐，可最后的结局却是无论谁都完全想不到的。

曹叡在继位称帝后并没有把他的正妻——太子妃虞氏立为皇后，而是让毛夫人坐上了皇后之位，这足以证明他对毛皇后的宠爱。当时虞氏恼羞成怒，竟然对着卞太后（太皇太后，曹操正妻）大放厥词，诅咒曹魏江山，曹叡大怒，将虞氏赶回邺城旧宫，永世不再相见。

在此后的十年间，曹叡对毛皇后一如既往地关爱有加，并且爱屋及乌地给了她的家人很多封赏，以至于让她那忽然荣升列侯的父亲留下了自称"侯身"的笑话。

事态的变化应该发生在235年郭太后驾崩之后。魏明帝此前一直对郭太后的管束有所顾忌，这时终于可以按照自己的性子任意行动了，于是他开始沉迷声色，大兴土木。毛皇后应该是一个深明大义的女子，面对日渐骄奢的皇帝丈夫，她肯定会不时地进谏，提醒他躬行节俭，爱惜民力，正在兴头上的魏明帝当然对她越来越反感，甚至越来越厌恶。

既然毛皇后如此"不识趣"，魏明帝自然就把更多的宠幸给了别的妃嫔，特别是她非常喜欢的郭夫人。郭夫人是和毛皇后同一年进入太子宫的，她出身于河西名门望族，而且容颜出众，歌舞俱佳，一直深受曹叡喜爱。虽然魏明帝宠爱郭夫人，但郭夫人并非那些喜欢专宠的小心眼女性，她有时候会提醒皇上要和皇后同乐，却无意中戳着了曹叡的烦心处，以至于让曹叡更加讨厌毛皇后，结果酿成了甄夫人之后的另一个曹魏后宫大悲剧。

237年的九月十五这一天，魏明帝曹叡在城北的御花园大排筵宴，命令才人以上的后宫妃嫔前来陪王伴驾，宴饮歌舞。

面对着御花园内的良辰美景，轻歌曼舞，郭夫人又想起了作为后宫之主的毛皇后，她委婉建议皇帝把皇后请来共度美好时光，魏明帝不愿被皇后知道他又在尽情地享受生活，以免她再次为此进谏，因此他不但拒绝了郭夫人的好意，而且严命参加宴会的人要对皇后保守这个秘密，否则格杀勿论。

毛皇后无意中听说了魏明帝在御花园歌舞宴饮的事情，可她并不清楚皇帝所下的那个禁令，所以她在夫妻二人见面时顺口问丈夫九月十五那天在城北御花园玩得怎么样，这一下可捅了致命的马蜂窝。

魏明帝怒不可遏，他既怀疑当天参加宴会的人走漏了风声，又疑心毛皇后派人跟踪他，于是大发淫威，先杀死了他认为和皇后暗中交结的十几个参会者，然后又下旨赐死毛皇后。

毛皇后可能至死也不明白为什么曾经柔情蜜意的丈夫变成了翻脸无情的陌生人，但她定然想起了十六年前婆母甄夫人被公爹魏文帝赐死的悲惨一幕。

当年亲生母亲被赐死时，曹叡肯定在心底恨极了喜新厌旧、冷酷残忍的魏文帝曹丕，而且他很可能会暗暗发誓自己决不做父亲那样的绝情男人，然而，他还是在十六年后步了老子的后尘。

为什么会这样呢？如果曹魏皇室出于忌讳掩盖了关键部分的历史真相，那曹丕、曹叡父子的残酷行为也许还可以理解，如果历史真实和史书记载基本相符，甄夫人和毛皇后即使有过错也绝对罪不至死呀！曹丕和曹叡父子二人怎么会都这样绝情至极呢？此中情形，值得后人深思……

大三国中的阮氏三雄

阮氏三雄是大家非常熟悉的水浒人物，殊不知，大三国中也有阮氏三雄。需要说明的是，他们不是兄弟三个，而是祖孙三代。在此顺便说一下大三国这个提法，所谓大三国者，乃《三国演义》《三国志》外三国历史之总称也。

大三国中阮氏三雄的第一位乃是阮瑀，他与孔融、王粲等人并称为"建安七子"，和曹操有着异常密切的关系。曹操对于大学者蔡邕是非常仰慕的，所以才有了文姬归汉的历史佳话，也才有了他和阮瑀充满传奇色彩的第一次握手。

曹操本人特别有才，也是个十分爱才的人，"唯才是举"就是他在历史上首次提出的。曹操早就听说过阮瑀曾经被其师蔡邕称为"奇才"，于是多次派人聘请他出山相助，但阮瑀愿意自由自在地做隐士，一直没有应许，后来更逃进了"深山更深处"。

据说阮瑀的非暴力不合作终于让曹操耐不住性子了，他效仿历史上晋文公火烧绵山逼介子推出山领赏的故事，在阮瑀隐居的山间放起了大火。阮瑀没有介子推那么死心眼，一见曹操玩起了狠招，只得仓皇地从深山茅屋里跑了出来，不十分情愿地跟着曹操去当秘书。

阮瑀是个"既来之则安之"的人，他进入了曹操幕府后很快成了曹魏集团的笔杆子之一，和文章可以治愈曹操头风病的陈琳（就是曾替袁绍写檄文大骂曹操祖宗三代的那位陈琳）齐名。

曹操征讨荆州前曾经给刘备写过一封信，在关西和马超对峙时还写给韩遂一封信以离间敌人，这两份重要文件都出自阮瑀笔下。但是，阮瑀在文章方面的代表作却是另外一封重要信件——《为曹公作书与孙权》。在此信中，阮瑀以曹操的口气谈古论今，引经据典，瞻后追昔，恩威并济，洋洋洒洒千余言，充分展示了一代文宗的深厚功力。

阮瑀在诗歌创作方面也有较高成就，代表作是描写孤儿悲惨遭遇，反映底层苦难的《驾出北郭门行》。但是，就写诗而言，他的儿子阮籍明显要胜于父亲，可谓"青出于蓝胜于蓝"的典型代表。

阮瑀是"建安七子"之一，而阮籍则是"竹林七贤"中的No.1 或 No.2。

谈起竹林七贤，人们往往会想到西晋，其实他们七个"集于竹林之下，肆意酣畅"的文坛佳话是在三国时期诞生的。这一点毋庸置疑，因为竹林之会的发起者嵇康是在魏元帝景元年间被司马昭杀害的。

和嵇康一样，阮籍在政治上是倾向于曹魏皇室的，但是在司马懿父子的高压政策下，他不敢明确表示对司马氏专权的不满，于是就以无视礼法、虚玄放诞之行进行非暴力对抗。司马昭曾经多次试探他的政治态度，他要么大谈玄学，要么缄口不言，要么沉醉不醒，搞得司马昭最后不得不发出了"阮嗣宗（阮籍字嗣宗）至慎"的慨叹。

"穷途之哭""青白眼"则是阮籍首创的针砭时政的行为艺术。

先说说穷途之哭。据《晋书·阮籍传》记载："（阮籍）时率意独驾，不由径路，车迹所穷，辄恸哭而反。"翻译成现代文就是：阮籍来了兴致的时候，就会亲自驾车漫无目的地游逛，等到他发现自己到了一个无路可走的地方时，就痛痛快快地大哭一场，然后再顺原路返回。后人有诗曰"行到水穷处，坐看云起时"，阮籍则是行到路穷处，坐哭愁起时。

再聊聊阮籍的青白眼。虽然"青白眼"这个词好像不太熟悉，其实"青眼相加""青睐有加""白眼相待"等词都是从其而来。阮籍的青眼送与他喜欢的朋友，比如和他志同道合的帅哥嵇康，白眼则是给他讨厌的人准备的，比如嵇康的哥哥，被他嘲讽为凡鸟的嵇喜。

阮籍的另一个排遣郁闷心情的方式就是写诗，他的八十二首《咏怀诗》开了诗歌史上五言抒怀组诗的先河，陶渊明的《饮酒》、陈子昂和张九龄的《感遇》、李白的《古风》都是深受阮籍影响的作品。

虽然俗话说"龙生龙，凤生凤，老鼠的儿子会打洞"，但是阮籍的儿子并不像他那样癫狂放纵，不拘小节，而他的侄子阮咸在三观和举止上却与他非常相像。

魏晋时期有七月初七晒衣服的风俗，那些喜欢炫耀的富人特别喜欢这个日子，每逢此时就会把所有的贵重衣物都在院子里高高挂起，借此收获别人的羡慕和赞叹。阮咸的家境并不富裕，可他并不觉得难为情，而且还故意将一条造型特别的粗布牛鼻裤用竹竿高高地挑起。有人问他此举何意，他呵呵笑着回答说既然不能免俗，那就好好应付一回。

虽然生活在礼教森严的封建社会，但阮咸支持自由恋爱，并且身体力行。他和姑母家的一个胡族婢女深情相爱，因为母亲生病一直没有正式向姑母提起这个事。阮咸的母亲去世后，按照礼仪他要守孝三年，而且不得谈婚论嫁，接近女色。就在这时，传来了他姑母带着全家主仆远迁外地的消息。阮咸闻听此言，借来一头毛驴即刻启程去追赶他心底的真爱。几天后，那头毛驴抖擞着黑黑的毛发优哉游哉地回来了，驴身上坐着一身素衣的阮咸和他心爱的女子，从此他们像童话中的王子与公主一样过上了幸福快乐的生活。

阮咸的婚姻可谓卿卿我我，琴瑟和谐，而他和音乐也确实有着不一般的不解之缘。

和爷爷阮瑀、叔叔阮籍一样，阮咸也是知音律善弹唱之人，且青出于蓝胜于蓝，堪称领一代风流的大音乐家。阮咸最擅长的乐器是秦琵琶，此琵琶非彼枇杷，也不是咱们所熟悉的曲项琵琶，它直柄圆音箱，四弦十二柱，别具一番风格。唐朝武则天时期，有人在魏晋古墓中发现了这种琵琶，不知其名为何，因见古画中阮咸常弹此乐器，故将其命名为阮咸，简称阮。这应该是阮咸无论如何也想不到的事情吧！

　　遗憾的是，太过潇洒的阮咸传世曲作很少，时至今日，《三峡流泉》是他唯一为人所知的音乐作品，这不能不说是中国艺术史上的一个莫大遗憾。

东吴帝国

斩华雄战吕布的原来是他

在回顾当年关东诸侯讨伐董卓的经历时，曹操写下了这样的诗句：

> 关东有义士，兴兵讨群凶。
>
> 初期会盟津，乃心在咸阳。
>
> 军合力不齐，踌躇而雁行。
>
> 势利使人争，嗣还自相戕。

虽然讨董的军事行动因为"军合力不齐""势利使人争"等原因最终归于失败，但其间还是涌现出了几个英雄人物，比如曹操。曹操那时三十五岁左右，犹自怀着一腔忠君救国的热血，和后来那个挟天子以令诸侯的白脸奸臣不可同日而语。他不肯像绝大多数诸侯一样按兵不动，整日纵酒，而是亲自带领着招募来的义军向董卓发起了进攻。

在我们的印象里，好像非正义的军队都是一触即溃的乌合之众，实际上并不是这样的。曹操就遇到了董卓手下一支特别能打的军队，领军者名叫徐荣。一来由于徐荣的兵马多于曹操，二来由于徐荣的军队久经战阵，而曹操带领的是一支刚刚招募起来的新军，结果曹操让徐荣打得一败涂地，伤亡惨重，连他自己都被敌箭射伤了，多亏遇到忠心护主的曹洪才逃得了一条性命。

虽然曹操吃了败仗，但他并没有因此一蹶不振，返回关东联军大营后，他苦心孤诣地劝说驻扎在那儿的诸侯协同作战，联手破贼，可是没有人愿意听从，最后，曹操不得不东下扬州重新募兵，准备继续为大汉朝鞠躬尽瘁。

当时和曹操一样奉行实干精神的还有一个人，他就是孙坚，而且孙坚的战绩远胜于曹操。

孙坚在和董卓军交战时也曾吃过败仗，那次失败不但让孙坚损失了四员大将中的祖茂（另外三位是程普、黄盖和韩当），还致使大批将士被俘惨死。但孙坚的斗志比曹操还要坚定，他召集起失散的兵将，又一次走上了讨伐董卓的战场。

孙坚军和董卓军之间的转折性战役发生在阳人城（在今河南汝州境内）一带，孙坚先是坚守不战，等到对方攻城失利、疲乏松懈时，他出其不意地打开城门，指挥着将士们以不可阻挡之势冲向敌军，结果把董卓军杀得抱头鼠窜，四散奔逃，并且斩杀了董卓手下的一员大将。这员大将不是别人，正是在《三国演义》里死在关羽刀下的华雄。

阳人一战让董卓见识了孙坚的厉害，老贼继而改变了策略，派李傕前来讲和，不但要跟孙坚结成儿女亲家，还许诺安排孙家子弟担任刺史、郡守等职，孙坚不为所动，大骂董卓，严词拒绝。孙坚的这一壮举会令人想起后来关羽拒绝孙权提亲时的历史一幕，但其实二者有着天壤之别。

随后，两军在洛阳城外展开了大决战，尽管董卓老贼亲自上阵指挥，最终他的主力还是被孙坚率领的军队打得大败。这时，曹操、王匡等诸侯群起响应，表示要与孙坚一起兵发洛阳，和董卓血战到底，董卓被关东联军的气势吓坏了，强迫小皇帝和文武百官跟随他放弃洛阳去了长安，同时安排吕布驻守洛阳负责断后。

吕布虽为一代骁将，却也无奈董卓大败、军心惶惶的境况，在孙坚的凌厉攻势之下，不得不带兵撤出洛阳。孙坚进入洛阳后，祭扫宗庙，修缮皇陵，一片忠心苍天可鉴。

读至此处，肯定会有朋友发出这样的疑问：既然华雄是被孙坚斩杀的，吕布也是被孙坚逼退的，那么，刘、关、张三兄弟在关东诸侯讨董卓之战中做了什么呢？答案很遗憾：什么都没做，因为他们没有参与董卓讨伐战，而是正跟随着公孙瓒奋斗在平定第二次黄巾之乱的战场上。在《三国演义》里，公孙瓒名列讨伐董卓的十八路诸侯之一，在真实的历史上，他并没有参加这次行动，同他情况相似的还有孔融、马腾和陶谦，也就是说实际上是十四路诸侯讨董卓。

这十四路诸侯中，真正一心为国的实干家只有孙坚和曹操，而后来正是他们二位的后人分别建立了三国中魏和吴两个政权，因此从某种意义上说，孙坚和曹操在讨伐董卓时的实干精神已经为各自家族将来的发迹辉煌埋下了不可忽视的大伏笔。

试想一下，如果刘备和关、张二将也在讨伐董卓的历史现场，他们肯定会像孙坚和曹操一样勇往直前，冲锋陷阵，奋不顾身，正是在此基础上罗贯中虚构了脍炙人口的"温酒斩华雄""三英战吕布"。这两个精彩故事虽非历史真实但却真实可信，这恰恰是作为文学经典的《三国演义》源于生活、高于生活的地方。

不一般的乔国老和吴国太

　　根植于《三国演义》的京剧《龙凤呈祥》是戏曲舞台上久演不衰的剧目之一，因为这出戏里行当非常齐全，生旦净末丑都有精彩的表演，其中的老生主要有四个，分别是刘备、乔玄（即乔国老）、鲁肃、诸葛亮，旦角则有两个，一个是青衣孙尚香，一个是老旦吴国太。

　　乔玄在历史上确有其人，但和东吴毫无关系，当然更不可能成为吴国的国老。

　　乔玄生于 109 年，卒于 183 年，字公祖，乃是汉末重臣名臣，曾先后担任大鸿胪、司空、司徒、太尉等职，名重朝野，天下仰慕，《后汉书》卷五十一有传。

　　乔玄之所以有名，一是因为他做人正直，为官清廉，二是因为他疾恶如仇，不畏权贵，三是因为他抵抗侵略，保国安民。

　　历史上的乔玄和《三国演义》有两重密切关系：第一，他慧眼识英雄，曾对曹操发出这样的赞叹："天下将乱，非命世之才不能济也，能安之者，其在君乎？"第二，秉着忠君爱国之心发起关东诸侯伐董卓这一重大军事行动的乔瑁不是别人,正是乔玄的亲侄子。

据《后汉书·桥玄传》记载,乔玄为梁国睢阳人,《寰宇记》言孙策、周瑜的岳父乔公为汉之庐江郡皖(今安徽怀宁)人,两地相隔几百里,应该不是同一个人。

按《三国志》记载,孙策、周瑜分别纳青春年少的大、小乔为妻是在攻破皖城之后,时间是199年,而乔玄183年就已去世,死时已有七十五岁。所以,从年龄上来看,乔玄是大、小乔之父的可能性也微乎其微。

乔国老虽不是乔玄,但这个人物在历史上是真实存在过的,否则,大、小乔就成了无本之木、无源之水,而戏曲中雍容华贵、万人之上的吴国太却是一个虚构的人物。

吴国太何许人也?《三国演义》说是孙权之母吴夫人的妹妹,孙坚的第二个妻子。吴夫人生四子,即长子策,次子权,三子翊,四子匡。吴夫人之妹生一子名朗,一女名仁。建安十二年,吴夫人死,临终嘱咐孙权道:"吾妹与我共嫁汝父,则亦汝之母也;吾死之后,事吾妹如事我。汝妹亦当恩养,择佳婿以嫁之。"此后,吴夫人之妹称吴国太,孙权以母事之。

然而,历史并非如此。首先,吴夫人有弟无妹,吴国太其人并不存在。其次,孙坚生有五子一女(可能还有其他女儿),其中吴夫人生四子一女,另一子朗庶生(即姬妾所生),其母为谁相关史书没有记载。小说却将吴夫人所生一女及庶生之孙朗说成吴国太的亲生子女,且将孙朗的别名"仁"说成是吴国太所生女儿之名。

罗贯中之所以安排吴夫人姐妹二人共侍孙坚，大概是想重演舜帝纳娥皇、女英故事以暗示孙坚有帝王之资；之所以让吴国太和乔国老在刘备与孙尚香"龙凤呈祥"的过程中现身，是为了让孙刘之间这场冷冰冰的政治婚姻变得灵动风趣，摇曳多姿起来。

《三国演义》中的时间差

一

《三国演义》第二回中，谏议大夫刘陶是在张纯张举造反起事之后因为弹劾十常侍祸国殃民被下狱而死的，同时遇难的还有司徒陈耽，此事在时间上有些出入。

陈耽可能是一个虚构的人物，刘陶则确有其人。

刘陶，字子奇，东汉颍川颍阴（今河南许昌）人，为济北贞王刘勃之后。刘陶虽贵为宗室后裔，但生活非常简朴。他不修小节，所交结的朋友却必是志同道合之人，如追求不同，就是再富贵他也不肯苟合，如志趣相投，则不分贵贱，引以为友。刘陶还在洛阳太学读书时就一举成名。那时冀州刺史朱穆因严惩葬父僭制的宦官赵忠而触怒了皇帝，被罚往左校署去做苦力，刘陶义愤填膺，率数千名太学生指阙上疏，为其打抱不平，终使朱穆获得赦免。

刘陶担任侍中之后，屡次进谏，为权臣所畏。后来刘陶被调任京兆尹，如到职当出修官钱千万，他耻于以钱买职，以生病为由不再理事上朝。灵帝重其才，原其罪，拜为谏议大夫。黄巾起义爆发后，刘陶上书弹劾宦官，认为乱由宦官而出，宦官们恼怒之下诬陷刘陶和黄巾军有所勾结，昏庸的灵帝听信宦官谗言，致使刘陶下狱而死。

刘陶被害是在 185 年，而张纯、张举于 189 年在渔阳造反，所以，刘陶之死应该早于二张造反，罗贯中先生不知因为何故将此事写到了二张造反之后。

二

吉平这个人物在《三国演义》中是"忠义"的典型代表，有关他的故事是这样的：曹操做了丞相之后，更不把汉献帝放在眼里了，汉献帝在衣带上写下除掉曹操的血书暗中送给了国舅董承。董承自从看了皇帝衣带诏，便日日思考除掉曹操的计策，却苦无妙计，于是在愤慨、忧虑中病倒了。献帝让太医吉平来给董承治病，吉平看了皇帝密诏，决心要除掉曹操，两人便一起设下了计谋，准备由吉平在曹操头风病发时暗下毒药致其死命。

不料隔墙有耳，董承的家奴秦庆童听到了二人的密谋。这个秦庆童刚刚由于和董承的小老婆有暧昧关系被董承打了四十板子，因此怀恨在心，他立刻向曹操告发了董承、吉平。

曹操接到密告，诱捕吉平，酷刑拷打追究主使，吉平抵死不承，触阶而亡。

太医令吉平的忠烈事迹的确令读者铭心刻骨，难以忘怀，但历史上并没有吉平，只有对抗曹操的太医令吉本，而且吉本向曹操发难的时间是 218 年，而非衣带诏案发的 200 年。

建安二十三年（218 年）魏王曹操西上关中与刘备作战，派丞相长史王必掌管军队，督理许都的事务。当时关羽实力强盛，尹金祎见汉朝政权将被曹家取代，便和少府耿纪，司直韦晃，太医令吉本，吉本的儿子吉邈、吉穆等人密谋杀掉王必，扶持天子打击曹魏的势力，并在南面联合关羽作为外援。于是，吉邈等人率党羽一千余人在夜间攻击王必，烧毁王必住所的大门，一箭射中王必的肩膀。帐下督扶着王必逃到许都南城，王必和闻讯赶来的颍川典农中郎将严匡共同作战，最终斩杀吉邈等人。

　　罗贯中先生在创作《三国演义》时别具匠心地把吉本从 218 年的造反之事中拿出来，更名为吉平，为读者们虚构了跌宕起伏、惊心动魄的吉平下毒的故事。

三

　　东吴诸将中，如果按照给大家留下的印象之深浅排座次，在周瑜、鲁肃、吕蒙、陆逊之后，大概当属太史慈和甘宁了。甘宁与众不同凭借的是他骁勇善战和早年做贼的经历，太史慈为人铭记则是因了他武艺高强、箭术超群和知恩图报、一诺千金的高贵品质。

　　太史慈的射术确是史上有名的。他跟从孙策讨伐麻保贼时，有一贼于屯里城楼上诋毁痛骂孙策，并以手挽着楼棼（城楼上的柱子），太史慈便引弓射之，箭矢竟然贯穿手腕，将其牢牢钉在楼棼上，围外万人无不称善。曹操闻其威名，向太史慈寄了一封书信，以箧封之，内无多物，而放了少量当归，寓意太史慈应当向其投诚，其见重如此。

令人遗憾的是，天妒英才。建安十一年，即 206 年，太史慈不幸因病逝世，享年四十一岁。太史慈临亡之时，叹息道："大丈夫生于世上，应当带着七尺长剑，以升于天子阶堂。如今所志未从，奈何却要死啊！"壮志未酬之慨令人为之垂泪，孙权得知太史慈病故更是十分悼惜。

在《三国演义》中，太史慈曾在 208 年发生的群英会上监酒，并在随后的赤壁之战中充当先锋，再后来在合肥之战中了张辽将计就计之计，身中数箭，为国捐躯，当然是虚构，否则《三国演义》就成了《聊斋志异》了。

蒋干原来是帅哥

《三国演义》中是颇有几个小丑级人物的，助纣为虐的李儒、为虎作伥的华歆、卖主求荣的张松、代人受过的贾化都属此类，但其中最出名的非"智"盗密信的蒋干莫属。

在罗贯中笔下，蒋干是这样一个形象：赤壁之战前夕，蒋干充当曹操说客只身乘一叶扁舟奔赴吴营劝降大都督周瑜。当时周瑜正在担心如果蔡瑁、张允帮助曹操练成水军会成为东吴的心腹大患，于是将计就计，摆下"群英会"，引诱蒋干盗走假的张、蔡二人的"投降书"，以反间计使曹操除去了这两个家伙，而导致曹操铸成大错的蒋干却自以为立功，沦为千古笑柄。

蔡、张虽除，周瑜破曹还是心有余而力不足。这时，避难江东的庞统想出了连环计，但如何让庞统平安过江，又如何使曹操不生疑窦，成为摆在周郎面前的难题。正当周瑜为此发愁的时候，蒋干又来了。他"成功"地把庞统引见给曹操，曹操轻信了名士庞统献的连环计，这才有了周公瑾火烧赤壁，孙、刘联军以少胜多大败曹操的精彩故事，三国鼎立的历史大势由此形成。

虽有一肚子学问，却干一件事坏一件的蒋干早已被定格成了文学中舞台上成事不足败事有余的典型，但历史上真实的蒋干却完全不是这么一档子事。

历史上的蒋干与周瑜一样是个帅哥，而且口才极佳，《三国志·江表传》言其"有仪容，以才辩见称，独步江、淮之间，莫与为对"。曹操早就知道周瑜年少有美才，就在亲率大军南下江东之初派名士蒋干去劝降周瑜。这时距离两军对峙赤壁还有不少时日，也就是说，为了让矛盾更尖锐，情节更精彩，罗贯中在《三国演义》中故意把蒋干与周瑜的会面往后推迟了。

周瑜一见蒋干就开门见山地说："子翼良苦，远涉江湖为曹氏作说客邪？"蒋干回应道："吾与足下州里（同乡，作者注），中间别隔，遥闻芳烈（美名），故来叙阔（叙旧），并观雅规（儒雅气度），而云说客，无乃逆诈（多疑）乎？"周瑜说："吾虽不及夔、旷（都是古代著名乐师），闻弦赏音，足知雅曲也。"然后和蒋干一同进食，尽欢而散。

三日后，周瑜邀请蒋干参观军营，还在饮宴时请侍者展示服饰珍玩，并向蒋干说："丈夫处世，遇知己之主，外托君臣之义，内结骨肉之恩，言行计从，祸福共之，假使苏张更生，郦叟复出（苏张指苏秦张仪，郦叟指郦食其，都是著名的说客），犹抚其背而折其辞，岂足下幼生所能移乎？"蒋干一直面带微笑，始终没有说话。

蒋干回去后向曹操称赞周瑜雅量高致，非言辞所能动也，并劝曹操死了这条心，之后，蒋干仍然在曹营过着他工作清闲、待遇优厚的名士生活，可谓优哉游哉，潇洒至极……

　　既有知人之明，又有自知之明的风流名士蒋干先生在罗贯中先生笔下却成了成事不足败事有余的典型性丑角，岂不冤哉！

《孔雀东南飞》背后的三国正史

如果说《孔雀东南飞》和"三国"有着非比寻常的密切关系，你会不会颇为惊奇以至于大跌眼镜呢？

其实这并非天方夜谭。

首先请看《孔雀东南飞》一诗的序言：汉末建安中，庐江府小吏焦仲卿妻刘氏，为仲卿母所遣，自誓不嫁。其家逼之，乃投水而死。仲卿闻之，亦自缢于庭树。时人伤之，为诗云尔。

建安是汉献帝的第三个年号，始于曹操迁都于许的 196 年，终于曹丕建魏代汉的 220 年，也正是曹操"挟天子以令诸侯"的那个历史时代。

更值得一提的是，《孔雀东南飞》故事的发生地庐江府在建安时期乃是曹操集团和孙权集团激烈争夺的军事要地，多场惨烈战役在此发生，众多三国名人在此驻足。

根据历史学者马伯庸先生的考证，刘兰芝（后世通常这样称呼焦仲卿妻刘氏）和焦仲卿双双殉情发生在 200 年，即曹操和袁绍在北中国展开官渡之战的那一年。根据诗中刘兰芝的自述"十七（应该是传统的虚岁，作者注）为君妇，心中常苦悲"和焦仲卿对母亲所说的"共事二三年，始而未为久"来判断，刘兰芝投水自尽是在她二十岁左右时，而焦仲卿"自挂东南枝"时应该与她年龄相仿。两个推论放在一起，可以推算出刘兰芝和焦仲卿生于181年左右，和诸葛亮、孙权年龄大体相当。

那么，这一对苦命鸳鸯从小到大亲身经历了三国时期的哪些重要事件呢？184年，张角掀起了席卷中国北部的黄巾大起义，庐江郡虽然位于南方，也受其影响陷入了盗匪横行的混乱状态，这一年，焦仲卿和刘兰芝还是脚步蹒跚、未谙世事的孩童。

正当庐江百姓即将流离失所、背井离乡之时，朝廷派来了一个能力超群又爱民如子的好太守，他就是三国名将陆逊的叔祖陆康。陆康到任后，一方面安顿百姓，改善民生，另一方面加强军备，严格练兵，不久就凭借着训练出来的新兵平定了庐江郡内的大小盗匪，百姓们对陆太守的丰功伟绩充满感激之情，庐江境内到处传颂着陆太守戡乱救民的传奇故事。

刘兰芝与焦仲卿虽然不幸生逢汉末乱世，但他俩在某种意义上也是幸运的，因为陆康在他俩的家乡庐江做了十年的太守，为庐江百姓带来了长期和平而温饱的生活。

遗憾的是，陆康为了百姓利益得罪了军阀袁术，于是庐江郡在公元194年成了袁术进攻的目标。

袁术占据的九江郡就在庐江郡北面，他在攻打徐州的刘备时向陆康狮子大开口，索要三万斛军粮。陆康看不起袁术那样祸国殃民的割据者，更不愿给属下百姓增加负担，当然就婉言谢绝了袁术的要求。袁术闻言大怒，派刚刚来投的孙策带兵攻打陆康，并且许诺如果孙策能拿下庐江郡，就任命他为庐江太守。

孙策当时迫切需要一个地方作为立足之本，就奉命打响了庐江争夺战。

对于孙策来说，这实际上是一场攻坚战，因为陆康深得民心，万众拥戴，就连正在休假的士兵都主动赶回城内为陆太守效命。可是，孙策不仅是一代名将，还是绝世勇将，在长达数月的对峙后，他最终取得了这场战役的胜利。

城破之后，陆康坚贞不屈，面北而逝，孙策则又一次被袁术所骗。袁术没有按照当初的承诺把庐江郡归入孙策名下，而是安排他的亲信刘勋担任了庐江太守。这时历史已经进入了195年，按照《孔雀东南飞》的描写，正是刘兰芝"十五弹箜篌"的那一年，也许她弹的正是怀念好太守陆康的曲子。

刘勋做了四年的庐江太守，这段日子相对比较安定，刘兰芝和焦仲卿的婚礼就是在此期间举行的，具体时间应该是公元197年的某月某日。

孙策当年虽然没有得到庐江太守的位置，却并没有因此灰心丧气，一蹶不振，相反他的斗志被激发了起来。在随后的几年内，孙策带兵东进南下，攻伐征讨，先后占据了丹杨郡、吴郡、会稽郡，将江东的大部分土地归入了自己名下，接着他又将目光转向了庐江郡。

199 年，刘勋接受孙策建议向南用兵，而孙策则采用"螳螂捕蝉，黄雀在后"之计，再次向庐江郡发起了进攻。在这种情况下，结果就是明摆着的了——孙策占有庐江，刘勋无家可归。这时，刘勋的后台袁术已经死掉，他只好北上投奔老友曹操，一年后因为冒犯曹操而被杀。

孙策进入庐江后，安排了一个新太守，此人姓李名术，据马伯庸推断，给儿子向刘兰芝提亲的太守就是他。

李术是一个有政治野心的人，他努力和刘兰芝家结亲是有别的目的的。为什么这么说呢？咱们先来看看《孔雀东南飞》中对刘兰芝嫁妆的描写：妾有绣腰襦，葳蕤自生光；红罗复斗帐，四角垂香囊；箱帘六七十，绿碧青丝绳，物物各自异，种种在其中。显而易见，刘兰芝是一个大家闺秀，她身后矗立着庐江城里的名门望族，而这正是上任伊始的李术想要结交的对象。

尽管李术和刘家联姻的计划因为刘兰芝为情赴死而失败，但他应该成功地笼络了庐江城内的其他望族，而且他在和庐江官民交流时很可能利用了他们对于陆康的怀念。正因为有了庐江民众的支持和拥护，李术才在孙策死后做出了一个并不明智的大胆决定——和继位的孙权翻脸对抗。

孙权没有想到李术会这么快地背叛他，更没有想到庐江民众会和李术一起背叛他，他当时正是年轻气盛之际，一怒之下下达了血腥残酷的屠城命令，给他的上半生留下了一个大污点——"是岁举兵攻术于皖城。术闭门自守，求救于曹公。曹公不救。粮食乏尽，妇女或丸泥而吞之。遂屠其城，枭术首，徙其部曲三万余人"。

　　庐江屠城发生在 200 年年中，这时刘兰芝和焦仲卿双双殉情的爱情悲剧刚刚过去了半年，不知正史中的屠城惨案降临时，在文学史中那座松柏梧桐"枝枝相覆盖，叶叶相交通"的情人冢上，双飞的鸳鸯鸟会发出怎样的哀鸣……

火烧赤壁的六个小秘密

火烧赤壁的六个小秘密，简而言之可谓两借两献一打一放。现在咱们就依照事情发生的先后顺序一起看一看。

草船借箭

草船借箭不是虚构，但诸葛亮草船借箭却是张冠李戴移花接木的结果。

草船借箭这个精彩故事并非在赤壁之战期间上演，而是发生在五年之后，即213年的濡须口战役，主人公不是诸葛亮，而是另一位大人物。另外需要说明的是，这位大人物借箭靠的是轻舟而非草船。

据《三国志·吴书·吴主传第二》裴松之注记载，建安十八年（213年）正月，曹操与孙权在濡须口（濡须为西巢湖入长江的一段水道，在今安徽省巢县境内）展开大战，曹军初战失利，于是坚守不出。

一天，孙权乘轻舟带一部分精兵卫队从濡须口闯入曹军前沿观察曹军部署。曹操见孙军整肃威武，喟然叹曰："生子当如孙仲谋，刘景升儿子若豚犬耳！"随后下令弓弩齐发射击敌船。很快，孙权的轻舟因一侧中箭太多船身倾斜，有翻沉的危险，聪明的孙权下令调转船头使另一侧再受箭。不一会儿，箭均船平，吴军轻舟安然脱险，于是鼓乐齐鸣，安全返航，留下了草船借箭的历史佳话。

其实，罗贯中在《三国演义》第六回中还写了一次"草船借箭"，主人公是孙权的老爸孙坚——（刘表部将）黄祖伏弓弩手于江边，见船傍岸，乱箭俱发。坚令诸军不可轻动，只伏于船中来往诱之；一连三日，船数十次傍岸。黄祖军只顾放箭，箭已放尽。坚却拔船上所得之箭，约十数万。当日正值顺风，坚令军士一齐放箭。岸上支吾不住，只得退走。

孙坚草船借箭应该也是孙权草船借箭的山寨版。

周瑜打黄盖

"周瑜打黄盖——一个愿打，一个愿挨"是一句流传很广的俗语，其后隐藏的故事来自《三国演义》第四十六回"用奇谋孔明借箭，献密计黄盖受刑"，故事的大意是这样的：在赤壁之战中，为了帮助周瑜早日打败大兵压境的曹操八十万大军，周瑜的部下黄盖自告奋勇，使用"苦肉计"骗过了曹操派来的说客蒋干，并诱使曹操上当，最后使用诈降之计火烧曹营打败曹军，取得了赤壁之战的胜利，从而奠定了三足鼎立的基础。

黄盖其人，可谓智勇双全，文武兼备，战功卓著，"江表虎臣"，他"姿貌严毅,善于养众,每所征讨,士卒皆争为先",深受士卒爱戴;他"当官决断,事无留滞",为各地百姓拥护;吴主孙权称帝以后,"追论其功,赐子柄爵关内侯",东吴的百姓也"图画盖形,四时祠祭",对这位名将进行拜祭和缅怀,但黄盖为后人所熟知,却并不是因为这些实绩,而是因为罗贯中虚构的周瑜打黄盖的苦肉计。

那么,赤壁之战的过程中,老将黄盖究竟做了些什么呢?

据《三国志·周瑜传》记载,赤壁之战之前,面对来势汹汹的曹操,黄盖审时度势,向周瑜提出了"火烧赤壁"的奇策,他认为:"今寇众我寡,难与持久。操军方连船舰,首尾相接,可烧而走也。"黄盖的正确主张得到了周瑜的全力支持。

为了麻痹曹操,黄盖写下诈降书给曹操,诱使曹操上当。其书曰:"盖受孙氏厚恩,常为将帅,见遇不薄。然顾天下事有大势,用江东六郡山越之人,以当中国百万之众,众寡不敌,海内所共见也。东方将吏,无有愚智,皆知其不可,惟周瑜、鲁肃偏怀浅戆,意未解耳。今日归命,是其实计。瑜所督领,自易摧破。交锋之日,盖为前部,当因事变化,效命在近。"结果,曹操上当,兵败赤壁,铩羽而归。

黄盖不但为东吴战胜曹军献计献策,而且在后来的战斗中身先士卒、英勇作战,险些在战场捐躯。《三国志·黄盖传》写道:赤壁之役,盖为流矢所中,时寒堕水,为吴军人所得,不知其盖也,置厕床中。盖自强以一声呼韩当,当闻之,曰:"此公覆声也。"向之垂涕,解易其衣,遂以得生。

阙泽献书

在《三国演义》中，阙泽献书是火烧赤壁的关键一环，没有这个环节，就没有之后的精彩故事。

咱们先看看智勇兼备的阙泽是怎么忽悠老奸巨猾的曹阿瞒的。

阙泽见到曹操后的第一句话就给对方来了个下马威："人言曹丞相求贤若渴，今观此问，甚不相合。黄公覆，汝又错寻思了也！"使自己在舌战中处于了上风。

曹操看完黄盖的降书后一拍桌子，下令把阙泽推出去砍了，想借此观察一下阙泽的表现，探探对方的虚实。

阙泽的胆识与智辩之才此时进一步得到了发挥——

泽面不改色，仰天大笑。操教牵回，叱曰："吾已识破奸计，汝何故哂笑？"

泽曰："吾不笑你。吾笑黄公覆不识人耳。"

……

操曰："我说出你那破绽，教你死而无怨：你既是真心献书投降，如何不明约几时？你今有何理说？"

泽大笑曰："亏汝不惶恐，敢自夸熟读兵书！还不及早收兵回去！倘若交战，必被周瑜擒矣！无学之辈！可惜吾屈死汝手！"

操曰："何谓我无学？"

泽曰："汝不识机谋，不明道理，岂非无学？"操曰："你且说我那几般不是处？"

泽曰："汝无待贤之礼，吾何必言！但有死而已。"

操曰："汝若说得有理，我自然敬服。"

泽曰："岂不闻'背主作窃'，不可定期？倘今约定日期，急切下不得手，这里反来接应，事必泄漏。但可觑便而行，岂可预期相订乎？汝不明此理，欲屈杀好人，真无学之辈也！"

最后，曹操快乐地认输了，他改容下席而谢曰："某见事不明，误犯尊威，幸勿挂怀。"

显而易见，在这场舌战交锋中，曹操中了阚泽的欲擒故纵之计，完全把心思放在了阚泽身上，要他说下去，而阚泽太会把握对方的心理了，说半句留半句，成功地牵住了曹操的老鼻子，最终把曹操钓上了钩。难怪黄盖在听闻了献书的细节之后说了这样一句话——"非公能辩，则盖徒受苦矣"。

阚泽舌战曹操精彩固然精彩，却不见于历史记载。在演义中，阚泽主要做了两件大事，一是上述的献书；一是荐逊，即在刘备率领七十五万大军（演义之言也）进攻东吴时，阚泽以全家人的性命向吴主孙权荐举陆逊统兵御敌，虽都激动人心，荡气回肠，但没有历史证据。

在历史上，阚泽并非一个军事型、谋略型的形象，而是一个文化型、学术型的人物。关于他的一生，有两点值得大书一笔：一是为孙权解惑，向孙权进谏，据《三国志》记载，阚泽博览群书，"每朝廷大议，经典所疑，辄谘访之"；权常问："书传篇赋，何者为美？"（阚泽）释欲讽喻以明治乱，因对贾谊《过秦论》最善。另一点则是孙权对他的尊重和深情,他去世时,"权痛惜感悼,食不进者数日"。

庞统献计

《三国演义》中有两个使用连环计的故事,一是政治事件,即第八回的"王司徒巧使连环计",一是军事事件,就是此处要谈的第四十七回的"庞统巧授连环计"。

司徒王允在除掉董卓时所用计策是围绕着美女貂蝉展开的,而庞统给曹操出的妙计则是把战船用铁链锁起来以便统一行动,二者之间好像是风马牛不相及,为什么都被称为连环计呢?

原来连环计是这样定义的:将多兵众,不可以敌,使其自累,以杀其势。在师中去,如天宠也。翻译成现代话就是:敌人兵多将广,不能与之硬拼,应设法使他们自相牵制,以削弱他们的实力。三军统帅如果用兵得法,就会像有天神保佑一样,轻而易举地战胜敌人。

王司徒以貂蝉作为筹码使处于强势的董卓和吕布搞起了窝里斗,成功削弱了对方的实力,最终诱使小吕杀死了老董,自然应该属于连环计。庞统为孙、刘联军服务,忽悠兵多将广的曹操把战船用环环相扣的铁索连在一起,使战船互相牵制,成了一根绳上的蚂蚱,灵活作战能力大大降低,而且为将来火烧战船做好了充分准备,这当然更是连环计。

需要指出的是,在历史上,铁索连船并不是庞统给曹操出的馊主意,而是曹操自己想出的"妙计",最后几十万大军被烧兵败赤壁完全是曹操搬起石头砸了自己的脚，怪不得别人。

借东风

诸葛亮借东风是妇孺皆知的三国故事，在京剧中更是单独的一折戏，和《群英会》《华容道》合称为"群借华"。

现在科学技术这么发达，也只能人工增雨，好像还没有听说过人工增风，更不用说向老天借风了，所以，借东风理所当然是艺术的虚构。

那么历史的真相是怎么样的呢？

唐代大诗人杜牧在游访赤壁时曾经写下《赤壁怀古》这首名诗：折戟沉沙铁未销，自将磨洗认前朝。东风不与周郎便，铜雀春深锁二乔。诗中提到了"赤壁""东风""周瑜""二乔"，却唯独没有涉及演义中"借东风"的主角诸葛亮，这也可作为诸葛亮没有借东风的佐证。

由大自然控制的东风诸葛亮借不来，周瑜自然也借不来，但在长江边长大的秀外慧中的周郎非常熟悉长江流域的天气变化，他知道洞庭湖一带（赤壁就在洞庭湖以北不远处）有一个特殊的气候现象——因为地形风的原因，当冬季天气放晴时，洞庭湖以北地区可能会逆吹反常的东南风。对于在北方长大的曹操来说，这是打死他也不相信的事情。

但是周瑜毕竟不是神仙，而且那时候科技还远不发达，所以并不能确定什么时候天会放晴，也就不能确定他所渴望的东南风什么时候会刮起来，这也就是为什么黄盖的诈降书里"不明约几时"的原因。

华容道放曹

赤壁战前，诸葛亮算定曹操必败走华容，且夜观天象发现曹操不该身亡，又考虑到曹操对关羽有恩，于是派关羽把守华容道，留个人情给他做。曹操赤壁兵败后果然由乌林向华容道败退，并在途中三次大笑诸葛亮、周瑜智谋不足，未在险要处暗设伏兵。然而，曹操一笑笑出赵子龙，二笑笑出张翼德，三笑笑出关云长，而且正在一夫当关、万夫莫开的华容狭路上。屡遭打击的曹军此时已无力再战，曹操只得厚着脸皮亲自哀求关羽放行，关羽想起旧日恩情，义释曹操，让曹操捡了一条命回到许都。

上述《三国演义》中的描写虽然并非凭空之笔，但与事实还是有着较大出入的。曹操从赤壁败退时走的确实是华容道，但并没有关羽什么事；曹操在途中的确曾经大笑，但不是三次，而是一次；曹操笑的也不是诸葛亮与周瑜智谋不足，而是笑刘备虽有计谋却晚了一步；曹操大笑之后确实出现了敌情，但那时他已是脱钩鱼儿有惊无险。

《三国演义》写曹操三次大笑，笑出三个英雄，是为了表现曹操虽然奸诈，但终归赶不上诸葛亮神机妙算；写关羽在华容道义释曹操，是为了表现关羽知恩图报、义重如山的人格，这都是作者神化诸葛亮、关羽二人的虚构之笔，并非史实，然而我们要感谢罗贯中来于史实高于史实的神来之笔，因为正是他的虚构为当世和后世的亿万读者塑造了"智绝"诸葛亮、"义绝"关羽和"奸绝"曹操等经典文学形象。

诸葛亮三气周瑜的历史真相

"诸葛亮三气周瑜"是经典作品中的经典桥段，淋漓尽致地表现了前者的足智多谋和后者的胸怀狭窄。

咱们先看一看在罗贯中笔下孔明先生是怎样故意欺负公瑾的：

一气周瑜——周瑜和诸葛亮约定，如果周瑜夺取曹仁据守的南郡失败，刘备再去攻取。周瑜第一次夺取时失利受伤，于是便将计就计，打败了曹兵，但是诸葛亮却乘机夺取了南郡等地，既没有违约，又夺取了地盘。真是一举两得！

二气周瑜——刘备的夫人死后，孙权按照周瑜的计策假装把自己的妹妹孙仁许配给刘备，想把刘备骗到东吴再将其杀害。谁知吴国太（孙权的母亲）看中了刘备，不仅不许孙权杀他，还真要把女儿许配给他。周瑜便想让刘备长期与诸葛亮、关羽、张飞等人隔开，并且用声色迷惑刘备，使之丧失争夺天下的雄心，但是又失败了。诸葛亮随后使计让刘备安然回到了荆州，并且让周瑜中了埋伏，还叫士兵高唱"周郎妙计安天下，赔了夫人又折兵"嘲讽周瑜，让周瑜气得吐血。

三气周瑜——刘备向东吴借取荆襄九郡，图谋发展壮大自己，然而东吴怕养虎为患致使刘备强大后对自己构成威胁，三番五次要求其归还荆州，刘备和诸葛亮就以攻取西川后必还荆州为由拒绝东吴的要求，却又迟迟不攻取，此举令周瑜气急败坏，遂想出了名为过道荆州帮助刘备攻取西川实则攻取荆州之计。不想却被诸葛亮识破，使得吴军被围，周瑜气急又加之旧伤复发，最终留下"既生瑜何生亮"的千古感叹而不治身亡。

　　看罢"诸葛亮三气周瑜"的故事，喜欢诸葛亮的大可不必为诸葛亮喝彩，热爱周瑜的也没有必要为周瑜难过，因为以上纯属虚构。

　　在三国历史上，南郡之战是一个非常重要的战役，如果要弄一个名次的话，其重要性应该仅次于赤壁之战、官渡之战、夷陵之战、灭吴之役、灭蜀之役，排在第六位，因为正是这场战役最终确定了曹操、孙权、刘备在荆州的势力范围。和演义中不同，历史上的南郡之战主要表现的不是诸葛亮的聪明才智，而是周瑜的文韬武略。

　　为什么这么说呢？

　　南郡之战前，曹操派在荆州的具体兵力虽不明确，但从曹仁、乐进、徐晃、文聘、李通、满宠率领六路大军参战来看，曹军的总兵力应该不下六万，而周瑜手下只有两万多士兵，刘备兵力尚不足两万，而且还要分出一部分夺取和维护江南四郡，因此孙刘联军的总兵力应该远远不敌荆州曹军总兵力。由当时作战双方的力量对比来看，周瑜能用一年时间夺取南郡的确是军事上的极大建树。

　　从另一个角度来看，赤壁之战后，刘备、孙权借机发起多支反攻力量，大都为曹操所败，比如孙权先后在合肥、濡须战败，韩当赴庐江郡接应陈兰、梅成被臧霸击败，关羽的"汉水别动队"为曹军所败，刘备名为断后实为抢地盘的军事行动结果也是无功而返，所以可以说赤壁之战后孙刘两家多次针对曹操的反攻中，只有周瑜是唯一的胜者。

周瑜"赔了夫人又折兵"的故事虽然流传甚广，但其实和周瑜无关，把妹妹嫁给刘备那是孙权自己的主意，这应该是秃子头上的虱子——明摆着的事情。你想啊，周瑜作为孙权的臣子，他怎么敢建议孙权把妹妹作为政治筹码（说得更严重些就是政治牺牲品）送给刘备呢？周瑜也许会想到这个主意，但敢于说出这个主意并付诸实施的只能是孙权。所以，笔者可以断定，"赔了夫人又折兵"与周瑜无涉。

史书在这一点上也是支持笔者的，请看相关记载：孙夫人，乃孙权之妹。刘备定荆州时，孙权对其十分畏惮，于是进妹予刘备为夫人，重固盟好。孙夫人才捷刚猛，有诸兄之风，身边侍婢百余人，皆亲自执刀侍立，刘备每入，心内常觉凛然惊惧。

而且，孙权献妹之举不见得是"赔了夫人又折兵"的馊主意，因为诸葛亮后来曾说过这样的话："主公（刘备）在公安时，北畏曹公之强盛，东惮孙权之进逼，近则惧孙夫人生变于肘腋之下；当此之时，进退狼跋……"这就等于说，孙夫人在刘备身边就好像是一颗随时会爆炸的定时炸弹，弄得刘备紧张兮兮，颇为狼狈。

至于周瑜欲以假虞灭虢之计杀死刘备，拿回荆州以至于中了诸葛亮之计忧愤而亡也是罗贯中的虚构，周瑜确实提出了要攻取西川，但并非想以取西川之名行夺荆州之实，而是真真切切地做了一番规划的，而且他的战略策划和诸葛亮的"隆中对"有异曲同工之妙，具体说来是这样的：与奋威（指奋威将军孙瑜，孙权堂兄）俱进取蜀，得蜀而并张鲁，因留奋威固守其地，好与马超结援。瑜还与将军据襄阳以蹙操，北方可图也。

孙权对周瑜的"隆中对"非常欣赏，当即表示同意，于是，周瑜动身回江陵，打算为出征做一番踏踏实实的准备工作，不幸中途染疾，病逝于巴丘，享年三十六岁。

周瑜病逝前仍不忘国事，心系统一，给孙权上疏曰："当今天下，方有事役，是瑜乃心夙夜所忧，原至尊先虑未然，然后康乐。今既与曹操为敌，刘备近在公安，边境密迩，百姓未附，宜得良将以镇抚之。鲁肃智略足任，乞以代瑜。瑜陨踣之日，所怀尽矣。"这才是周瑜真正的遗言，表现的非但不是不能容人的狭小气量，而且恰恰是举贤荐能的坦荡胸怀。

事实上，在诸葛亮三气周瑜的这个历史时段内，两人根本没有打过照面，周瑜的确如演义所说在南郡、柴桑一带（都位于长江中游沿岸）活动，诸葛亮却远在偏僻的桂阳郡、零陵郡（都在今湖南南部）"调其赋税，以充军实"，做后勤保障工作。

孙权的寂寞谁能懂

南宋大词人辛弃疾曾经在《南乡子·登京口北固亭有怀》中写下千古传颂的名句：天下英雄谁敌手？曹刘，生子当如孙仲谋。

这几句词固然大气磅礴，激扬豪放，可是大家有没有觉得曹操和刘备有点大人欺负小孩的意思呢，实际上的确如此。

无论是在二百年来的京剧舞台上，还是在 20 世纪流行的连环画里，还是在大家熟悉的央视版《三国演义》中，孙权都是和曹操、刘备好像年龄不分上下的中年人，但他们其实是两代人，换句话说，曹、刘完全有资格做孙权的父亲。

下面咱们就以孙权为坐标来聊聊三国名人的年龄问题。

孙权生于 182 年，那年父亲孙坚二十七岁，哥哥孙策正是七岁的少年。

按照现在的说法，孙权应该被称为"80 后"。有趣的是，与他同属"80 后"的三国名人都是超重量级的，不是皇帝就是宰相。在他之前有比他早一年出生的汉献帝和诸葛亮，在他之后则有生于 183 年的陆逊（晚年曾任东吴丞相），生于 187 年的曹丕。

"70后"和"80后"一样人才济济，代表人物是恰好在七十年代中期出生的三个帅哥：周瑜、孙策和杨修，知道周瑜和孙策为什么那么好了吧！他俩不仅志同道合，才能相当，而且同年出生，而且有可能同年同月出生。比他们三个年长的"70后"三国名人也是三个：郭嘉(生于170年)、鲁肃(生于172年)、诸葛瑾(生于174年)，和周瑜、鲁肃、陆逊并称东吴四大都督的吕蒙则生于179年。

　　历史上，二三十岁的孙权曾经抚过大他三岁的吕蒙的背，也抚过大他七岁的周瑜的背，甚至抚过大他十岁的鲁肃的背，彼情彼景不禁令人脑海中浮现这样六个大字：有权就是脸大！

　　看到此处，有人可能会问：和孙策武艺相仿、惺惺相惜的太史慈怎么没在"70后"群星中现身呢？原因很简单，因为他属于"60后"，而且是生于166年的典型的"60后"。如果现在问您孙策和太史慈谁更厉害，您的答案是不是已经很明确了，要知道，虽然他俩在比武时旗鼓相当，不分胜负，可是太史慈比孙策足足大了九岁呀！

　　在"60后"三国名人群体中，还有一个在能力、地位和名气上都和太史慈百分百相当的人物，他就是生于169年的五子良将之一张辽。张辽、太史慈之外，三国演义最核心的一组人物刘、关、张也属"60后"，具体地说，刘备生于161年，张飞比他小一些，演义中的关羽比他小一点，历史上的关羽可能比他大一点。刘、关、张的四弟赵云赵子龙应该也是"60后"，即使他像有人认为的那样在历史上比刘备还要大，按理说也大不了多少。

　　"60后"还包括一位三国大名人，他就是堪称"曹操身边的诸葛亮"的荀彧。诸葛亮比刘备小二十岁,他俩是典型的"忘年君臣",荀彧和曹操之间的年龄差距虽然没那么大,但也有些忘年的色彩。

荀彧生于163年,曹操比他年长八岁,生于155年,恰好和孙权的父亲孙坚同庚,这也就怪不得曹操会对孙权发出这样的感叹:生子当如孙仲谋!

曹操以"生子当如孙仲谋"一语称赞孙权发生在213年,那一年,孙权正在初步体会寂寞的感觉,因为彼时他最欣赏的周都督周瑜周公瑾已经离世三年了。

遥想当年,二十六岁的孙权与四十七岁的刘备联兵抗曹,领导着三十三岁的周瑜、三十六岁的鲁肃、二十九岁的吕蒙、二十七岁的诸葛亮和关羽、张飞、赵云等谋臣武将在赤壁一带以火烧战船的神机妙计大败五十三岁的曹操率领的几十万大军,在中华民族的历史上写下了风云激荡、浓墨重彩的一笔,当此之际,"乱石穿空,惊涛拍岸,卷起千堆雪","谈笑间,樯橹灰飞烟灭",那是何等气势,何等豪迈,何等英雄!

遗憾的是,赤壁之战后的第二年,周瑜就英年早逝了,"外事不决问周瑜,内事不决问张昭"的东吴三驾马车少了最有活力的一匹骏马,孙权则失去了一个臂膀。

好在还有鲁肃,虽然子敬兄是个身上没有武功的书生,领起兵打起仗来却也是毫不含糊,《三国演义》中关云长单刀赴会吓得鲁肃浑身发抖实在是艺术的虚构,真正只身闯虎穴的恰恰是被罗贯中描写成胆小鬼的鲁大夫。

就像韩国青瓦台似乎有个魔咒一样，东吴大都督这个位置仿佛一直被一个咒语控制着，周瑜在任上离世，鲁肃也步了他的后尘，然后是继任的吕蒙。

鲁肃逝世是在 217 年，三年后吕蒙因病故去，孙权眼见自己的股肱之臣一个个在年富力强之时撒手人寰，既悲痛又惋惜，同时还有越来越深的寂寞感，因为理解他的宏图伟略并能为他运筹帷幄的人物越来越少了。

吕蒙去世的这一年，孙权还失去了一个既是知己又是对手的故人，谁呢？曹操。两年后，他的另一个老对手刘备也驾鹤西去了。时至此际，当年在赤壁鏖兵的英雄们就只剩下他孙权和成都的诸葛亮了。

陆逊的出现对于孙权是个莫大的安慰，差不多同龄的他俩在各自的后半生中有着举足轻重的地位，而这也造成了陆逊晚年的人生悲剧。

226 年，魏文帝曹丕驾崩，孙权放眼宇内帝王宝座发现已经没有他的对手了，寂寞的同时也有了更大的自信，于是在 229 年登基称帝，将年号改为黄龙。

孙权称帝后，封陆逊为上大将军，并让他辅佐太子孙登。陆逊和孙登建立了深厚的师生情、君臣情，原本有望共创一番大业，却不料孙登英年殒命，空留遗憾。

此后，孙权立另一个儿子孙和为太子，后来却又觉得鲁王孙霸更适合接班继位，结果引起了两宫间激烈的储位之争。陆逊是一个非常正统的人，不愿意看到太子无端易位这样的事情，孙权一见自己视为股肱的陆逊反对他的想法，心中大为不爽，几次派人找陆逊的麻烦，陆逊忧闷成疾，不久郁郁而逝。

陆逊离世的这一年是 245 年，到此时为止，在年龄和资历上可以和孙权相比的就只有老谋深算的司马懿了，孙权在为自己的龙体而骄傲的同时，肯定也会感受到来自回忆深处的深深的寂寞……

究竟是谁点醒了周处

如果我们要为"浪子回头金不换"这句话找一个代言人，那么，三国时期的不良青年周处应该当仁不让排在第一位。

周处"除三害"的故事记载在南朝文人刘义庆主编的《世说新语》一书中，原文是这样的：周处年少时，凶强侠气，为乡里所患。又义兴水中有蛟，山中有白额虎，并皆暴犯百姓。义兴人谓为三横，而处尤剧。或说处杀虎斩蛟，实冀三横唯余其一。处即刺杀虎，又入水击蛟。蛟或浮或没，行数十里，处与之俱。经三日三夜，乡里皆谓已死，更相庆。竟杀蛟而出，闻里人相庆，始知为人情所患，有自改意。乃入吴寻二陆。平原不在，正见清河，具以情告，并云欲自修改而年已蹉跎，终无所成。清河曰："古人贵朝闻夕死，况君前途尚可。且人患志之不立，何忧令名不彰邪？"处遂改励，终为忠臣。

周处杀虎是非常可能的，杀蛟则是不可信的，因为这世上本没有蛟，和杀蛟一样不可信的还有一个事儿，那就是陆清河点醒浪子回头的周处。

周处生于正值三国中期的 236 年，陆清河，即陆云则生于三国后期的 262 年（他的哥哥陆平原，即陆机比他早生一年），也就是说周处比陆云足足大了二十六岁。周处"年少时，凶强侠气，为乡里所患"，按照常理推断应该是他三十岁前的经历，也就是 266 年前发生的事情。那时，陆云即使已经出生，也还在咿呀学语，怎么可能说出"古人贵朝闻夕死"，"人患志之不立，何忧令名不彰"这样充满人生大义的话呢？

　　那么，究竟是谁点醒了周处呢？

　　在大家的印象中，周处应该是一个出身卑微的"穷二代"，但实际情形却大大相反，他虽然非常二，可一点也不穷，而且是个典型的"官二代"，他的老爸就是《三国演义》第九十六回"孔明挥泪斩马谡，周鲂断发赚曹休"中的吴国名将，鄱阳太守周鲂。

　　周鲂生于 200 年，即官渡之战发生的那一年，和陆机、陆云的祖父陆逊、父亲陆抗都曾同殿称臣，但跟谁都算不上同代人，具体说他比陆逊小十七岁，却又比陆抗大二十六岁。如果说的确是一位陆姓名人点醒了迷途之中的周处，那么应该是陆抗而不是陆逊，因为年少气盛的周处"有自改意"，求人指点迷津时，应该是在 260 年左右，当此际，陆逊已经离世十余年，而陆抗正是即将不惑、足以为人做心灵导师的年龄。

　　实际上，很可能周处根本不需要心灵导师的指点，因为从《三国志》中《周鲂传》后附的周处小传来看，周处并没有鱼肉乡里、为非作歹的恶行，真正"凶淫放恣，为百姓所苦"的是他的三儿子周札，而且周札为此付出了沉重代价——最终自身被诛，家族被灭。后来，不知为什么儿子周札的罪行阴差阳错地安到了父亲周处身上，并且以一个正面的结尾代替了悲惨的结局。如果周处知道了所有这一切事情，不知是会泣血痛斥三儿子种下的"坑爹"恶果还是会含泪感叹"子不教，父之过"。

西蜀帝国

刘备究竟是不是皇叔

皇叔者，顾名思义，皇帝的叔叔也。在很多人的印象里，中国历史上最有名的皇叔当然是《三国演义》中那位以爱哭著称的人——刘备刘玄德了。刘皇叔的名头固然很响，但他究竟是不是皇叔却是个有待考察的悬案。

刘备被尊为皇叔出现在《三国演义》第二十回。话说曹操帮助刘备拿下徐州，生擒吕布之后，以刘备功大应该面君封爵为由将其带回许都。

"次日，献帝设朝，操表奏玄德军功，引玄德见帝。玄德具朝服拜于丹墀。帝宣上殿，问曰：'卿祖何人？'玄德奏曰：'臣乃中山靖王之后，孝景皇帝阁下玄孙，刘雄之孙，刘弘之子也。'帝教取宗族世谱检看，令宗正卿宣读曰：'孝景皇帝生十四子。第七子乃中山靖王刘胜。胜生陆城亭侯刘贞。贞生沛侯刘昂。昂生漳侯刘禄。禄生沂水侯刘恋。恋生钦阳侯刘英。英生安国侯刘建。建生广陵侯刘哀。哀生胶水侯刘宪。宪生祖邑侯刘舒。舒生祁阳侯刘谊。谊生原泽侯刘必。必生颍川侯刘达。达生丰灵侯刘不疑。不疑生济川侯刘惠。惠生东郡范令刘雄。雄生刘弘。弘不仕。刘备乃刘弘之子也。'帝排世谱，则玄德乃帝之叔也。帝大喜，请入偏殿叙叔侄之礼。帝暗思：'曹操弄权，国事都不由朕主，今得此英雄之叔，朕有助矣！'遂拜玄德为左将军、宜城亭侯。设宴款待毕，玄德谢恩出朝。自此人皆称为刘皇叔。"

虽然罗贯中先生对刘备论辈分为汉献帝之叔的描述言之凿凿，证据充分，好像不容置疑，但实际上这完全是小说家言，无论从历史上看还是从逻辑上看都是站不住脚的。

关于这段故事，陈寿的《三国志》是这样记载的：曹公自出东征，助先主围布于下邳，生擒布。先主复得妻子，从曹公还许。表先主为左将军，礼之愈重，出则同舆，坐则同席。

和《三国演义》中的描写不同，陈寿根本没有提到汉献帝和刘备之间的会面，更不用说什么"叙叔侄之礼"了，自然也就不会有"刘皇叔"这个称呼了。

从逻辑上推理一下，"刘皇叔"这个论断则更加荒唐可笑。

咱们先看一下汉献帝是怎么来的——汉景帝和唐姬生长沙定王刘发。刘发生春陵节侯刘买。刘买生郁林太守刘外。刘外生巨鹿都尉刘回。刘回生南顿令刘钦。刘钦生汉光武帝刘秀。刘秀生汉明帝刘庄，刘庄生汉章帝刘炟。刘炟生河间孝王刘开。刘开生蠡吾侯刘翼。刘翼生解渎亭侯刘苌，刘苌生汉灵帝刘宏，刘宏生汉献帝刘协。

由此可见，汉献帝乃汉景帝第十三代孙。

按照《三国演义》第二十回中刘备家族的族谱世系，刘备为汉景帝的第十八代孙。

显而易见，汉献帝的辈分比刘备要高很多，在这种情况，刘备不但做不了"刘皇叔"，连"刘皇侄"也没资格当。

"皇叔"刘备之所以被小说家定为汉景帝第十八代孙，是因为汉献帝乃汉景帝之后的第十九个大汉皇帝，于是小说家就想当然地认为汉献帝是汉景帝的第十九代孙。殊不知，有时候相邻的两任皇帝之间并不是父子关系，而是兄弟关系，甚至会有侄子皇帝驾崩，叔叔继任这种现象出现。

在《三国演义》中，"皇叔"这个称号给刘备帮了很大的忙，他最终能够三分天下得其一，和曹操、孙权鼎足而立，一定程度上是沾了"皇叔"这块金字招牌的光。但在真正的历史上，刘备能够建功立业、分疆裂土和"皇叔"其实没有什么关系，他凭借的是自己的文韬武略，诸葛亮的足智多谋，关、张、赵的能征善战，这些可都是实打实的本事！

有读者可能会对刘备的文韬武略提出质疑，这是被罗贯中的《三国演义》误导了。"张翼德鞭打督邮""关云长赚城斩车胄""诸葛亮火烧博望坡"都是大家非常熟悉的故事，其实，这些故事都存在张冠李戴、移花接木的问题，因为在史书《三国志》中，它们的主人公不是三个人，而是同一个人，这个人不是别人，就是在大家心目中好像只会哭的刘备。

曹操欣赏关羽的另一个原因

曹操欣赏关羽是中国人都知道的事情,而且这并非只是罗贯中的小说家言,《三国志》关于此事也有明确的记载。在《三国志》中,关羽投到曹营后,曹操先是"礼之甚厚",不久又"表封(关)羽为汉寿亭侯"以表彰其斩颜良解白马之围的大功,知其必去之际,又"厚加赏赐",闻听关羽已经离开去追寻刘备时,竟然吩咐左右:"彼各为其主,勿追也。"

为什么曹操如此欣赏关羽呢?陈寿给出的答案是"曹公壮其为人"。

那么,关羽为人如何呢?陈寿的具体描述是"先主与二人(指关羽与张飞)寝则同床,恩若兄弟,而稠人广坐,侍立终日,随先主周旋,不避艰险"。

曹操身边曾经有一个和关羽一样既忠且勇,"常昼立侍终日"的壮士,就是"一吕二赵三典韦,四关五马六张飞"中的双戟大将典韦,当时曹军中有"帐下壮士有典君,提一双戟八十斤"之语。可惜的是,在跟随曹操到南阳接受张绣投降时,典韦为了保护曹操逃脱降而又叛的张绣的袭击，于辕门之中力战而死。典韦死后，曹操心里一直空落落的，好像再也没有了往日的安全感，直到遇见了和典韦一样忠肝赤胆、谨慎持重的关羽。

窃以为，曹操本来是想把关羽"引置左右"让其"将亲兵数百人，常绕大账"，但无奈关羽"身在曹营心在汉"，最终千里走单骑，又回到了刘备身边，曹操只好退而求其次，安排力有余而细心不足的虎痴将军许褚"常侍左右"。

其实，关羽身上还有一个性格特点肯定也是曹操特别欣赏的，因为曹操本身也是这样的一个人。

曹操虽出身官宦家庭，实际上乃宦官后代。他的老爹曹嵩是大宦官曹腾的养子，后来尽管做到了九卿的高位，却无论如何摆脱不了阉人儿子的身份，晚年更是糊涂地花巨款买了三公中的太尉，从而更加成为士大夫们口诛笔伐的对象。作为宦官的孙子，曹操自然也免不了从生下来就被人轻视、鄙视乃至敌视。年轻时他跟在士族子弟袁绍屁股后面偷鸡摸狗做游侠，心里的天平偏向于羡慕一端，等到他做了"挟天子以令诸侯"的权臣，对士族的仇视已远远超过了羡慕。

作为一个典型的实用主义者，曹操尽管骨子里敌视乃至仇视士族士大夫，对于其中那些愿意真心与他合作的人物，他还是能够包容重用的，但如果谁的立场发生了动摇，比如荀彧，他也会心有不舍地伸出毒手。对于那些不肯好好跟他合作的士族士大夫，比如边让、孔融、杨修、崔琰，曹操则会毫不客气地举起屠刀，甚至斩草除根把人家的儿子也杀死，之所以曹操没杀祢衡，其中一个原因就是祢衡算不上士族。

和曹操一样，关羽对士大夫的态度也是很不友好的。

根据《三国志》记载，"羽善待卒伍而骄于士大夫，飞爱敬君子而不恤小人"，成书略晚的《华阳国志》则表述得更为深入："飞勇冠三军，与关羽俱称万人敌。羽善待小人而骄士大夫，飞爱敬君子而不恤小人，是以皆败。"关羽之所以如此应该与他的出身有着密切关系，这一点和曹操也颇为相似。

关羽本字长生，早年因犯事逃离家乡至幽州涿郡，这才结识了刘备、张飞，然后才有了刘、关、张打天下的精彩故事。从关羽当初以"长生"为字和曾经犯罪逃命的经历来看，他应该出身于无钱无势的贫苦人家，这样的身世和他"刚而自矜"（陈寿对他做出的另一个评价）的性格结合在一起，必然会让他形成"骄于士大夫"的心理。

关羽对于自己这一边的士大夫，比如诸葛亮，本就不够尊重，对于吴国的士大夫则更是变本加厉，目高于顶，吴主孙权（君主可谓超级士大夫或士大夫的最高代表）派人来荆州求婚时，关羽"骄于士大夫"的心性有了登峰造极的表现。

关于此事，《三国志》是这样记载的"权遣使为子索羽女，羽骂辱其使，不许婚，权大怒"，如此看来，"虎女焉能嫁犬子"虽属小说家言，却也并非毫无根据。后来荆州丢失时关羽本来有机会到江陵和公安驻军，却因为此前一直轻慢糜芳（刘备的小舅子，士大夫家庭出身）等人而落得个无处容身，身首异处。

曹操生前敌视士大夫，后世则被一代又一代的读书人狠批痛斥，在某种程度上属于咎由自取。然而，在这件事上和曹操情况相似的关羽却受到了一代又一代读书人的赞美颂扬，而且成为全社会共同尊奉的神仙级人物。为什么会这样呢？道理其实很简单——忠奸之道异也！

周仓：三国虚构人物 No.1

在《三国演义》的众多人物中，若论名气，关羽身边的周仓肯定名列前茅，但是，这个人身上却存在着一个极大的历史问题。

在古今亿万读者的印象中，周仓是这样的一个人：关西（函谷关或潼关以西）人士，身材高大，黑面虬髯，力大无穷，粗莽豪放，性如烈火。他在相貌和性格上与三爷张飞恰似一奶同胞，却跟二爷关羽有着密不可分、同生共死的关系。

周仓原为黄巾军三把手张宝的部将，张宝死后，他和同是黄巾军的裴元绍率部啸聚山林。关羽千里走单骑时，周仓和裴元绍一起归顺关羽，倒霉的裴元绍被赵云误杀，幸运的周仓却成为了关羽的贴身护卫。

建安十六年（211年），刘备攻打成都时，周仓跟随关羽镇守荆州。关羽水淹七军时，周仓曾生擒曹操阵营的猛将庞德。建安二十五年（220年）关羽被孙权杀害之后，周仓在麦城仰天长泣，随后拔剑自刎而死。

令人遗憾的是，周仓这样一个生龙活虎、忠义千秋的人物却不见于正史记载，而且有不少证据表明他是一个虚构的形象。

在《三国志》《后汉书》等史籍，以及裴松之为《三国志》作注所引二百多种魏晋间典籍中，均没有周仓其人。其后的野史、杂录也没有周仓是关羽随从的记载。

元代至治年间（1321—1323年）刊刻的《全相平话三国志》一书，是现存最早反映三国故事的平话本，也没有周仓这个人物。周仓这个人物最早出现是在元末明初的《三国志通俗演义》中，身份就是大家熟知的关羽的贴身随从，《三国志通俗演义》又称《三国志演义》，其实就是大家熟知的《三国演义》。因此，我们可以说《三国演义》中的周仓是罗贯中先生虚构的一个艺术形象。

周仓最好的伙伴关平则是另外一种情况。

关平在历史上确有其人，但他并非关二爷的义子，而是关羽实打实的亲生儿子。

按照正史记载，关羽生有二子，长子关平，次子关兴。关羽、关平父子在东吴被害后，关兴继承了父亲的汉寿亭侯爵位，后来又传给了他的儿子关统，因为关统没有儿子，他病逝后就由他同父异母的弟兄关彝袭爵。

263年，邓艾、钟会两路伐蜀，刘禅出降，蜀国灭亡，关彝一家不幸被魏军将领庞会杀害，庞会不是别人，正是四十几年前在荆州之战中被关羽斩首的魏国大将庞德的儿子。

读至此处，大家肯定会为关二爷的身后之事感慨唏嘘不已。令人欣慰的是，据《荆州府志》和《江陵县志》记载，关平随父镇守荆州时，娶赵云之女为妻，生有一子关樾。吴兵袭取荆州时，这对母子有幸逃出荆州城在乡下隐居起来，而且为了躲避仇杀将姓氏从关（古体为關）改成了门（古体为門）。六十年后西晋灭吴统一全国时，这一支关羽后裔才返回荆州城，恢复关姓，并且世世代代守护关羽陵墓直到现在。

刘备没有那么窝囊

说起三国时期的蜀汉昭烈帝刘备，人们就会想到"刘皇叔的江山——哭来的"，"刘备摔孩子——收买人心"，于是，在大家的印象中，刘备成了个只会哭鼻子、抹眼泪，只会拉关系套近乎的窝囊废，这一切都应该"归功"于《三国演义》对于刘备哭鼻子、抹眼泪的描写。

咱们在此不妨梳理一下《三国演义》中刘皇叔的流泪史。

刘备第一次流泪是在与赵云初逢又分手时，二人"一见钟情"，相见恨晚，惺惺相惜，分别时"执手垂泪，不忍相离"。

刘备第二次的泪仍然是为赵云而流，那是在徐州围解之后，当时，"陶谦劳军已毕，赵云辞去，玄德执手挥泪而别"。

第三次流泪在"斩蔡阳兄弟释疑，会古城主臣聚议"一回，地点是关定（关平之父）庄内，彼时，刘备关羽劫后重逢，关羽"迎门接拜，执手啼哭不已"，刘备肯定也流了眼泪，否则关羽挂印封金，"过五关斩六将"就太不值了。

刘备真正过了一把大哭的瘾是在得知徐母被囚，徐庶要走时，他先是"闻言大哭",而后又与徐庶"相对而泣,坐以待旦",等到徐庶真要走时,刘备"泪如雨下,凝泪而望",以至于发出了这样的感慨:"吾欲尽伐此处树木,因阻吾忘徐元直(徐庶字元直)之目也。"

再次流泪就和比徐庶更厉害的人才——大名鼎鼎的诸葛亮有关了,当时,诸葛亮"犹抱琵琶半遮面",假装不肯出山,试探刘备之心,刘备失望之下,泪沾袍袖,衣襟尽湿。

刘皇叔下一次流泪是为追随他渡江南下的新野、樊城百姓而哭,正是"临难仁心存百姓,登舟挥泪恸三军。至今凭吊襄江口,父老犹然忆使君"。

此后,赵子龙单骑救主(乃幼主阿斗),血战而归,刘备有哭。

吴国太佛寺看新郎,孙权暗伏杀手,刘备有哭。公子刘琦英年早逝,刘备有哭。鲁肃过江三讨荆州,刘备有哭。荆州城宴请张松,刘备有哭。落凤坡庞统殒命,刘备有哭。

刘备最有特色的一次哭发生在他鸠占鹊巢夺了刘璋的益州时,刘璋出城投降,刘备出寨迎接,下边握手,上边流泪,说是:"非吾不行仁义,乃势不得已也。"

再往后,关羽兵败被杀,张飞不幸遇害,刘先主自己被陆逊火烧连营八百里,在白帝城临终托孤,自然都少不了刘备流泪的戏份,而且绝对是泪流不止、泪如雨下、泪如涌泉的大恸。

以上这些泪水,有的顺理成章,理所当然,有的却有些多余,显得刘备太过脆弱乃至软弱懦弱,以至于给人留下了窝窝囊囊的印象。

实际上，刘备并不像书中所写得那么窝囊，关于这个人物，罗贯中老先生在很大程度上忽悠了大家一把。

刘备的江山帝业也并非像书中所写主要是靠别人的智慧和能力得来的。罗贯中在《三国演义》中至少把刘备的四宗光辉事迹安排到了别人的身上，用现在最流行的话说，刘备"被张冠李戴"了。

喜欢《三国演义》的人都知道张飞鞭打督邮的故事，其实，在历史上这个故事的主人公是刘备，而非张飞。

据《三国志·先主传》记载：刘备讨黄巾有功，官拜安喜县尉。督邮因公事到县，刘备去拜谒，门下不给通报，刘备直闯而入，捆绑了督邮，用棍棒打了二百下，解下印绶，挂在督邮的脖子上，把他绑在拴马桩子上，弃官逃亡而去。从这段资料来看，刘备颇有不为五斗米折腰的气概，二百年后的陶渊明是否受他影响也未可知。

《三国演义》第二十一回为脍炙人口的"曹操煮酒论英雄，关羽赚城斩车胄"，后世尊崇的武圣人关云长在此又风光了一回，可惜这不是历史事实，而是罗贯中移花接木式的虚构。《三国志》中关于车胄之死是这样记载的：（曹操）置车骑将军、徐州刺史。太祖灭吕布，后任胄为车骑将军、徐州刺史。建安五年，左将军刘备杀胄，据沛以背太祖。

在《三国演义》中，斩蔡阳是关羽的英勇事迹之一，连京剧《龙凤呈祥》里的乔国老在夸赞关羽时也曾唱道：他（指刘备）有个二弟汉寿亭侯，青龙偃月鬼神皆愁，白马坡斩颜良，延津诛文丑，在古城砍下了老蔡阳的头。但是，在真实的历史上，蔡阳是死于刘备之手。《三国志·先主传》的有关记述如下：（袁）绍遣先主将本兵复至汝南，与贼龚都等合，众数千人。曹公遣蔡阳击之，为先主所杀。

俗语"新官上任三把火"来自诸葛亮的三次火攻之计——火烧博望坡、火烧新野、火烧赤壁，《三国演义》中对这三把火都有非常精彩的描写。令人惊讶而遗憾的是，历史上的火烧博望坡是刘备的杰作，和诸葛亮无关，另外需要说明的是，刘备并不是火烧敌军，而是自烧营屯，假败引曹兵进入伏击圈。如若不信，请看《三国志·先主传》的记载："（刘表）使拒夏侯惇、于禁等于博望。久之，先主设伏兵，一旦烧屯伪遁，惇等追之，为伏兵所破。"

《三国志·李典传》也有关于此事的记载："刘表使刘备北侵，至叶，太祖（曹操）遣（典）从夏侯惇拒之。备一旦烧屯去，率诸军追击之。典曰：'贼无故退，疑必有伏。南道狭窄，草木深，不可追也。'不听，与于禁追之，典留守。惇等果入贼伏里，战不利，典往救，备望见救至，乃散退。"

由此可见，刘备并非像《三国演义》描写的那样只是个以忠厚仁义见长、等着坐收渔利、好像有些窝囊的皇帝，而是一个有胆识、有谋略、该出手时就出手的政治家、军事家。

三顾茅庐应该是这个样子的

刘备三顾茅庐请诸葛亮出山相助的故事在中国可谓家喻户晓，妇孺皆知，但是关于三顾茅庐一事是否真实存在，在学术界一直有着两种截然相反的见解。

"三顾茅庐"说的支持者认为刘备确实曾经三次到隆中拜访诸葛亮，证据就是诸葛亮出兵北伐前写给后主刘禅的《出师表》：……臣本布衣，躬耕于南阳，苟全性命于乱世，不求闻达于诸侯。先帝不以臣卑鄙，猥自枉屈，三顾臣于草庐之中，咨臣以当世之事，由是感激，遂许先帝以驱驰……在这篇流芳百世的散文名作中，诸葛亮明明白白地告诉我们先主刘备当年曾三顾他于草庐之内并向他咨询发展大计，他深为感动之下答应出山辅佐刘备成就兴复汉室之大业。诸葛亮的人品道德是毫无疑问的，而且《出师表》是写给皇帝刘禅的，所以，"三顾臣于草庐之中"之言绝对是一点儿也没有掺假的真话。

《三国志》的作者陈寿是认可"三顾"之说的。陈寿在《诸葛亮传》中曾对传主做出过这样的评价——然亮才，于治戎为长，奇谋为短，理民之干，优于将略。由此可见，陈寿在为诸葛亮作传时是站在一个公正客观立场上的，这就使得他笔下的刘备三顾诸葛亮可信度非常之高。

然而，"三顾茅庐"说的反对者也有白纸黑字的证据，他们拿出的古籍是与《三国志》同时代的《魏略》和《九州春秋》。按照这两本书的说法，诸葛亮是在曹操剑指荆州之前主动"北行见备"的，他们认为诸葛亮是一个"每自比于管仲乐毅"，有修齐治平远大政治理想的青年才俊，他不会傻傻地在隆中坐等那可能来访更可能不来访的刘备一样的明主。

易中天先生觉得两种看法都有不可辩驳的论据，他经过一番思考给出了一个不偏不倚的新结论——诸葛亮先去找刘备，刘备也接受了他的建议，但仍然没有给予足够的重视，于是诸葛亮就回去了。等到刘备意识到诸葛亮的价值时，只好亲自出马，三顾茅庐，重新把诸葛亮请了出来。此说看似兼容并包，两全其美，但确如易先生自己所说"太大胆了一点"，以至于有些突兀，难以令人信服。

笔者不揣冒昧，愿意在此与各位分享一个既符事之常理又合人之常情的说法。

大家试想一下，如果有人忽然来到你家中邀请作为一家之主的你去外地某公司任职而且短期内不能回家，你会立刻放下家中的一切跟随对方前往吗？答案恐怕是否定的。因为按照常理，你需要一两天时间来打理家中事务为远行做准备。在这种情况下，合理的做法是让对方先走，你几天后自己到他们公司报到。

熟悉历史的朋友们都知道，诸葛亮在被刘备拜访时乃是一家之主，而且以"一生唯谨慎"著称于世，他理应会像上面所设想的那样在安排好家中一切后独自奔赴刘备的军营，而刘备自然不会到处宣扬他三顾茅庐搬请诸葛亮这件事，于是，诸葛亮应刘备之邀如约而至在不知情人的眼里就成了主动"北行见备"了。

　　三顾茅庐的真相应该是这个样子的，诸位以为如何呢？

长沙本来无战事

京剧《战长沙》是一出非常有名的武生戏，主人公是大家熟知的义薄云天的关老爷关云长和"老将出马，一个顶俩"的代表人物黄忠。

《战长沙》的故事情节一如《三国演义》第五十三回所写：刘备占据荆州，命关羽攻打长沙。守将韩玄命黄忠出战，马失前蹄，关羽释之。次日会战，黄忠箭射关羽盔缨，以报关羽不斩之恩。韩玄怒责黄忠通敌，将斩，魏延押粮归来，杀死韩玄，与黄忠同降刘备。

长沙之战的过程中，关羽的高傲仁义、黄忠的知恩图报、魏延的耿直莽撞、韩玄的性急多疑都得以恰到好处地体现，给读者留下了难以泯灭的印象，但这四人其实都和长沙之战无关，因为长沙之战本身就是一次子虚乌有的战事，当时刘备得到长沙这座城池是一次"和平解放"运动，没有发生演义中和戏曲里那些精彩的战斗。

历史上的情形是这样的：209 年，赤壁之战后，刘备乘虚南下，以诸葛亮为军师中郎将，亲自领兵南征。武陵太守金旋、长沙太守韩玄、桂阳太守赵范、零陵太守刘度见刘备所率军队挟战胜之余威，意气风发不可抵挡，都没敢抵抗，而是大兵一到就举旗归降了。

韩玄本来和金旋、刘度一样是个在历史上跑龙套的角色，但是却和赵范因为不同原因混到了男三号或男四号的位置，赵范是因为"赵云不纳赵范嫂"那个故事，韩玄则是因为他手下的黄忠后来成了一代名将。

既然黄忠是历史名将，罗贯中在写《三国演义》时当然不能让他作为一个降将首次出场，于是虚构了关黄对刀、惺惺相惜，黄忠遭难、魏延造反这些跌宕起伏的精彩情节，在这些情节中，刚刚出场的黄忠有了自己比较鲜明的性格和相对立体的形象，而作为配角的韩玄和魏延也在读者心目中留下了非常深刻的印象。

魏延这个人物在历史上的最早事迹是"以部曲随先主入蜀，数有战功，迁牙门将军"，至于他此前的人生轨迹，咱们不知道，历史老人也是不知道的，换句话说，他在长沙城的经历完全是虚构的。罗贯中这样写一来是为了让同为一代名将的魏延有一个让人眼前一亮的出场方式，二来是为以后写诸葛亮说魏延脑后有反骨埋下最早的伏笔。

刘备借荆州其实是个冤案

我们在生活中经常会听到有关三国的歇后语，刘备借荆州——有借无还就是其中之一。然而，刘备借荆州虽不是空穴来风，却纯属历史冤案。既然要说发生在荆州的故事，那么，首先要确定一下荆州的地理概念。东汉末年，全国分为十三个州，分别是洛阳和长安所属的司州，北方的幽州、冀州、并州、青州、兖州、徐州、豫州和凉州，南方的扬州、荆州、益州和交州。其中，荆州包括现在的湖北、湖南和河南西南部。俗话说，树有根，水有源，如果要讨论刘备借荆州的是是非非，我们还需要明确一下赤壁之战后荆州的政治军事形势。

东汉时期的州就相当于现在的省，州下面的郡则相当于现在的市，荆州下属有九个郡，三国迷津津乐道的"荆襄九郡"是也。赤壁之战之后，原本属于刘表父子的荆襄九郡被曹操、刘备、孙权三方瓜分了，具体说来是这样的：北部的南阳、襄阳、南乡三郡归了曹操；中西部的南郡归了孙权；南部的长沙、桂阳、零陵、武陵四郡归了刘备；中东部的江夏郡则由三家平分了。所以，从某种意义上说，荆州三分是三国鼎立的缩影，而平分江夏又是荆州三分的缩影。

看到这里，可能有的朋友会问：刘备力量最弱，为什么占的荆州地盘最大呢？

回答这个问题之前，要先说说周瑜版的隆中对：与奋威（指奋威将军孙瑜，孙权堂兄）俱进取蜀，得蜀而并张鲁，因留奋威固守其地，好与马超结援。瑜还与将军据襄阳以蹙操，北方可图也。这一版隆中对是周瑜在赤壁破操后正式提出的，而且他立刻将其付诸实施——自己率兵沿长江西上进军南郡，为"取蜀而并张鲁"做准备，而让刘备南下收复名义上已经降曹的江南四郡。刘备收复江南四郡虽然不比赤壁鏖战那样险恶艰巨，也是颇费了几番周折。在零陵和武陵，刘备的军队都遭遇了守将的拼死抵抗；在桂阳，赵云遇到了心怀叵测的赵范，留下了赵云不纳赵范嫂的故事；相比之下，长沙太守韩玄好像是最识时务的，选择了不抵抗，在演义中不知为什么成了反面人物。

刘备虽然占据了荆襄九郡中的一半土地，但是他感到非常郁闷，因为他没有得到与蜀地接壤的南郡，这样一来，诸葛亮为他策划的隆中对就成了镜中花水中月，就成了不可能的任务。为了早日实现自己兴复汉室的伟业，刘备不得不硬着头皮，冒着危险前往京口（今江苏镇江）拜访孙权，请求对方暂将南郡借给他驻兵，以便北上襄阳破曹兴汉，当时刘备集团没有公开提出进军蜀地的主张，以免引起孙权的警惕。刘备之所以敢于"明知山有虎，偏向虎山行"，主要因为一个人的存在，谁呢？始终坚持联刘抗曹的鲁肃。在鲁肃的帮助下，孙权同意把南郡借给刘备，但周瑜不肯将自己千辛万苦得来的土地让给别人。正在刘备有些犯愁的时候，老天大大地帮了他一把——周瑜因病逝于巴丘，随后，在鲁肃的主持下，孙权把南郡借给了刘备。

孙权为什么如此大方呢？作为一代人雄的孙权自然有他的如意算盘。赤壁之战后，曹操虽然暂时无力南下，但仍然在长江北岸布防了重兵，一来阻挡孙、刘联军渡江北伐，二来伺机再次南侵，孙权不愿单独承担和曹操隔江对抗的艰巨任务，这才把南郡借给了刘备，如此一来，长江中段的防御就转嫁到了刘备集团的身上。

孙权这一着儿棋下得怎么样呢？从曹操的反应可以得出答案。据说孙权借南郡给刘备的消息传到曹操那儿时，他正在写字，一惊之下，竟然把毛笔掉到了地上，因为他最怕的就是孙、刘联手和他唱对台戏。曹操的这个小动作让我们想起了青梅煮酒论英雄时刘备闻言"手中所执匙箸，不觉落于地下"的场景，不知二者是否有所联系。

215 年，孙权眼见刘备夺了益州后还不打算归还南郡，就向兵力较弱又远离关羽驻地的长沙、桂阳、零陵三郡发起进攻，并且成功拿下了前两郡。刘备得到消息，勃然大怒，命令关羽南下救援，同时亲自率兵出蜀做其后盾，一场生死决战转瞬即发。正当刘备集团和孙权集团因为南郡归属大动干戈之时，北方的曹操集团夺取了益州的汉中，而且顺势侵入了益州所辖的巴郡。为了避免陷入腹背受敌、两面作战的困境，刘备不得不向孙权求和，孙权趁机狮子大张口，要求平分荆州，于是，双方约定东部的江夏、长沙、桂阳属于孙权，西部的南郡、武陵、零陵属于刘备。

写到此处，朋友们应该已经明白了刘备借荆州的前因后果，来龙去脉，他当初只是向孙权借了一个南郡，最后却赔给对方长沙、桂阳两个郡，还落了个"有借无还"的坏名声，各位是不是觉得他颇为冤枉呢？

诸葛亮：成也《隆中对》，败也《隆中对》

唐代大诗人杜甫诗云：

> 丞相祠堂何处寻，锦官城外柏森森。
>
> 映阶碧草自春色，隔叶黄鹂空好音。
>
> 三顾频烦天下计，两朝开济老臣心。
>
> 出师未捷身先死，长使英雄泪满襟。

诸葛亮早在当年刘备三顾茅庐时就提出了心系天下的《隆中对》，然而，最终还是在第六次北伐出师未捷的情况下抱憾而逝了。他之所以如此，一来是因为彼时的政治军事形势已和《隆中对》诞生时大不相同，二来是因为《隆中对》本身就有一个很大的疏漏。

笔者为什么这么说呢？咱们还是先从《隆中对》的具体内容说起吧。

207 年，刘备三顾茅庐后终于见到了诸葛亮，就在二人初次会面的那个时候，诸葛亮提出了彪炳史册、千古流芳的《隆中对》：

"……将军既帝室之胄，信义著于四海，总揽英雄，思贤如渴，若跨有荆、益，保其岩阻，西和诸戎，南抚夷越，外结好孙权，内修政理；天下有变，则命一上将将荆州之军以向宛、洛，将军身率益州之众出于秦川，百姓孰敢不箪食壶浆以迎将军者乎？诚如是，则霸业可成，汉室可兴矣。"刘备对诸葛亮的《隆中对》非常欣赏，"于是与亮情好日密"，如鱼得水，以至于惹得关羽、张飞这两个铁杆兄弟都不高兴了。

君臣二人相见恨晚，鱼水相得固然是好事，遗憾的是，诸葛亮的《隆中对》疏忽了一个重要因素，而刘备也没有注意到这一点，因此造成了关羽，乃至蜀汉政权的悲剧结局。这个重要因素就是孙权的性格和志向。

在《隆中对》里，诸葛亮为刘备制定了从荆州、益州两路出兵北定中原的军事路线，并且给出了"天下有变"的大前提。实际上这个军事行动还应该有一个同样重要的前提：江东孙权按兵不动，坐山观虎斗。然而，这好像只是诸葛亮的一厢情愿，事实上孙权不但不肯在刘备两路北伐时做一个无所事事的旁观者，而且他对荆州一直虎视眈眈，无论如何也不会让刘备顺利得到整个荆襄九郡。孙权对荆州的觊觎早在刘表去世时就已经充分表现出来了。

如果说孙权早年攻打江夏黄祖还有为父复仇的成分，那么他在杀死黄祖后仍然强烈关注荆州就完全是出于开拓领土、扩展势力的想法了。刘表病逝后，孙权派鲁肃以吊孝为名前往襄阳打探荆州集团的军政信息，当他得知刘表二子争位，冲突一触即发时，心里就有了剑指荆州、一统江南的雄伟计划，无奈曹操动作比他更快，在他行动之前已经向荆州派出了浩浩荡荡的十几万大军，这才有了孙刘联手、赤壁鏖兵、三足鼎立的精彩故事。

诸葛亮在《隆中对》里把孙权定位为可以联合的对象，即"此可以为援而不可图也"，当然是非常正确的，但如果他认为孙、刘联盟是风雨无虞的铁板一块，那就大错特错了，要知道，即使在联刘抗曹的代言人鲁肃担任东吴大都督的时候，孙、刘之间仍然爆发了十分激烈的荆州争夺战。

217 年，鲁肃病逝，孙权对鲁肃做出了这样的最终评价："子敬东来，致达于孤。孤与宴语，便及大略帝王之业，此一快也。后孟德因获刘琼之势，张言方率数十万众水步俱下。孤普请诸将，咨问所宜，无适先对，至子布、文表，俱言宜遣使修檄迎之，子敬即驳言不可，劝孤急呼公瑾，付任以众，逆而击之，此二快也。且其决计策，意出张苏远矣；后虽劝吾借玄德地，是其一短，不足以损失二长也。"这段话充分表明孙权并不满足于和刘备平分荆州的江南部分（江北部分主要由曹操控制），他甚至认为如果没有按照鲁肃的建议借地给刘备，说不定他早就把整个江南都收入囊中了。

鲁肃初见孙权时提出的《榻上策》，即东吴版的《隆中对》，是深得孙权之心的，这说明孙权也有着北伐中原一统天下的远大抱负，他并不满足于仅仅割据江东做个东吴之主。实际上，孙权一直在等待机会先拿下荆州，然后北上灭曹一统华夏。

219 年，在刘备夺取汉中的战役中，老将黄忠斩杀夏侯渊，威震定军山，远在荆州的关羽坐不住了，他立功心切，在没有请示的情况下悍然发动了襄樊战役。

遗憾的是，螳螂捕蝉，黄雀在后，如果把被杀的庞德、被俘的于禁比作蝉，关羽就是扬扬得意的螳螂，而吕蒙则是背后插刀的黄雀。在吕蒙白衣渡江、袭取荆州的情况下，被人断了后路的关二爷不得不上演了败走麦城、身首异处的悲剧戏码。其实，早在鲁肃逝世甚至更早的时候，诸葛亮就应该意识到在荆州的归属上，孙、刘之间必定会有一场你争我夺、你死我活的大战，但不知为什么他没有为此做出足够充分、切实有效的准备。

按照《隆中对》的设想，诸葛亮和刘备本来是想两条腿从南方挺进北方的，荆州的丢失使刘备集团成了心有余而力不足的独脚汉，北伐大业的成功因此大打折扣，紧接着刘备又在报仇伐吴中惨遭失败，含恨而死，这更令北伐大业雪上加霜，前途渺茫。

孙权之叛、荆州之失、刘备之死让诸葛亮的《隆中对》在某种意义上成了镜中花、水中月，成了不可能的任务，这也就注定了此后诸葛亮的六出祁山、北伐中原只能是以攻为守的无奈之举，只能是"知其不可为而为之"的悲壮之举，也正是这种无奈的悲壮铸就了诸葛亮"出师未捷身先死，长使英雄泪满襟"的伟大形象。

千古传颂的《隆中对》让诸葛亮帮助刘备得到了荆州和益州，有了和曹操孙权相抗衡的实力，但从某种意义上说，《隆中对》的疏漏导致了诸葛亮北伐中原光复汉室的失败。因此，我们不妨做出这样的感慨：诸葛亮此生，成也《隆中对》，败也《隆中对》。

三国第一刺杀大案

既然是说三国时候的事情，在进入正题之前不妨先和大家回顾一下诸葛丞相的《出师表》。

诸葛亮在《出师表》中提到了蜀汉政权的不少文臣武将，费祎就是其中之一，诸葛丞相对他的评价是这样的："侍中、侍郎郭攸之、费祎、董允等，此皆良实，志虑忠纯，是以先帝简拔以遗陛下；侍中、尚书、长史、参军，此悉贞良死节之臣。"

234年，一代名相诸葛亮在五丈原病逝，其后，他生前向后主推荐的蒋琬成为蜀汉的政府首脑，并且一直执政到246年因病去世，蒋琬的继任者就是深受诸葛亮赏识的费祎，而在军事方面，诸葛丞相逝世后的这些年则主要由他的门人弟子姜维负责。

历史有时候是非常奇诡的，这一点在诸葛亮身上也有所体现，体现之一就是他和蒋琬、费祎的关系——诸葛亮非常看重这两个后备的高端人才，可他们二人实际上都不认可诸葛亮的北伐策略，不知号称"智绝"的诸葛亮是否心中有数。

蒋琬开始执政时，蜀国的经济状况已经因为战争受到了很大的影响，他便逐步地将主要精力从北伐魏国以攻为守转到了治理内政发展经济上。费祎继任后，萧规曹随，也尽量不发起过大的进攻性军事活动。

但深受诸葛亮知遇之恩的姜维与蒋琬、费祎不同，他一直在坚持诸葛亮的战略方针，多次要求蒋琬、费祎下令北伐。蒋琬、费祎既不愿打击姜维灭曹兴汉的积极性，同时又担心连年征战耗费国力，所以他们对于北伐中原这个军事行动心情一直很矛盾。

后来，聪明的费祎想出了一个折中的办法——每次姜维要求北伐时，只给他一万人马。

250年，姜维第五次出兵北伐中原，这一次魏蜀双方交战的主战场在洮河以西的西平郡。当时和姜维对阵的是魏国名将郭淮，结果两人棋逢对手、将遇良才，打了个平手，谁也没有把谁拿下。

此次北伐姜维尽管没有像期望的那样攻下西平，却也并非一无所获，他俘虏了魏国的中郎将郭循，这是一个非同一般的人物。

郭循，字孝先，是土生土长的西平人，而且他们那个家族是世居西平的豪族大户。郭循虽然是个"富N代"，但并非只会飙车泡妞的纨绔子弟，而是一个非常有才能的人，在魏国西部颇有声望，《魏氏春秋》对他的评价是"素有业行，著名西州"。

郭循这样的人正是费祎所需要的。

费祎虽然不认可诸葛亮的北伐政策，但他和诸葛亮一样希望在作为军事要冲的陇西地区牢牢地扎住根基，以便将来蜀汉政权强盛时以此为根据地向曹魏发起进攻，因此他一直非常重视拉拢世据陇西的豪门大户。

于是，姜维把愿意投诚的郭循推荐给了费祎。

有了费祎和姜维的推荐提拔，弃暗投明的郭循很快就做到了左将军的高位，成了费祎身边的亲信将领，左将军这个职位当年是由马超、吴懿、向朗等人担任的，而他们都是刘备和诸葛亮非常信任的大将，由此可见蜀国，特别是费祎，对郭循殊遇之重。

费祎对魏国降将郭循的破格提拔和过分信任，引起了蜀国将领张嶷的特别关注，张嶷觉得费祎所为虽可显其宽广胸襟，雅量高致，却有博爱泛滥之嫌，身陷险境之危，便借着古人故事劝他说："过去岑彭、来歙都是被刺客所害，将军担任国家大事，应吸取教训，稍稍警觉一点。"但自信满满、不拘小节的费祎没有把张嶷的话放在心上，说不定还在暗地里笑张嶷心胸狭小，心存妒忌呢。

令人遗憾的是，后来事态的发展不幸被张嶷言中了。

在费祎的新政之下，对魏战争数量减少，规模缩小，蜀汉的国民经济得到了快速的发展。费丞相对此感到非常满意，欣喜之余他决定延熙十六年新年这天在驻扎地汉寿（今四川省广元市）大排筵宴，举行岁首大会，凡是身在汉寿的官员，不分官职大小，都可以获得丞相发出的请帖。

万众瞩目，百官期待的岁首大会终于如期举行了。因为后主刘禅远在成都不能参加，一人之下万人之上的丞相费祎自然成了宴会最大的焦点人物，文臣武将纷纷向他敬酒，心情大好的费祎来者不拒频频举杯，不知不觉已是酩酊大醉。

这时，一员武将端着酒杯走到了费祎面前，说时迟那时快，只见那武将早已扔掉酒杯，掏出一把寒光闪闪的匕首，狠狠地刺进了费祎的胸膛。当在场的官员醒过神来时，费祎早已倒在了血泊之中，而刺客也已经自杀身亡了。

这个刺客就是深受费祎信任的魏国降将郭循。

事后，有人反映郭循"欲刺汉主（刘禅），不得亲近，每因上寿，且拜且前，为左右所遏，事辄不果"。

后主刘禅对失去这样一位社稷重臣深感痛心，下旨为费祎举行国葬，并将其安葬在汉寿城西门外社稷坛南边，谥赠"城乡敬侯"，以纪念他为汉室所做出的卓越贡献。

可能是蜀汉封锁了丞相费祎被刺身亡的消息，所以，魏国朝廷知道这一重大政治事件时已是八个月之后。为了表彰郭循"身在汉营心在曹"，不忘故土、忠心报国的革命精神和不屈意志，魏国特地下诏以告天下，却不知由于什么原因将"郭循"误写成了"郭修"："已故中郎西平人郭修，品行高尚，百折不回。之前蜀将姜维寇掠西平郡，郭修遭到掳略。去年……郭修于大庭广众之下刺杀费祎，其勇超过聂政，其功胜于介子，真可谓是杀身成仁、舍生取义之人。追加褒奖和恩宠，是为了表扬忠义之士；赏赐爵禄延及后嗣，是为了奖劝将来之人。特下诏追封郭修为长乐乡侯，食邑千户，追谥为威侯；令其子袭爵，再加拜为奉车都尉；赐银千饼，绢千匹，以光荣恩宠存者与亡魂，使其永垂后世。"

费祎被刺身亡对蜀汉的影响绝不仅仅是失去了一位德高望重、

能力超群的丞相，这个国家的政治走向也因此而发生了巨大的转折，它的命运也因此而发生了重大的改变。

费祎死后，姜维成了蜀汉的二把手（一把手当然是刘禅），他一心继承诸葛丞相遗志，要北伐中原一统华夏，对魏政策自然就从蒋琬、费祎时期的以守为主转变为以攻为守了——具体说来，在执政前的二十年里，姜维发起了五次北伐，而在他执政后的十年间，至少发动了四次伐魏战争，和魏国相比本来就处于弱势的蜀汉国力因此大受削弱，在一定程度上为以后的失地亡国埋下了祸根。

蜀汉丞相费祎被魏国降将郭循刺杀身亡是三国后期一个非常重大的政治事件，遗憾的是，罗贯中创作的《三国演义》中竟然没有这个惊天动地、充满传奇的故事情节，不知是一时疏忽，还是有意为之。

蜀国灭亡与诸葛亮无关

　　诸葛亮是 234 年在北伐前线的五丈原病逝的，那时，蜀国刚刚立国十三年。263 年，刘备创立的西蜀在刘禅手里被司马氏控制的曹魏灭掉。两者之间隔着虽算不上漫长却也不短的三十年，如果贸然把蜀国灭亡归咎于诸葛丞相，那这个时间差就是个不可逾越的障碍。

　　三国人物中，就综合能力而论，最有资格和诸葛亮一较高下的恐怕非曹操莫属，他们一样雄才大略，慧眼独具，一样能写能打，文武双修，所以在此我们不妨拿曹操说事。

　　虽然魏蜀吴三国第一个遭遇亡国之灾的是蜀国，但其实最早衰亡的是曹魏帝国——曹操死后仅仅过了二十年，魏国的军政大权就已经从曹操家族转到了同姓的曹爽手里，十年之后再次易手，完全落入司马氏囊中。奇怪的是，好像从来没有人就魏国早衰一事向曹操发起责难，怀疑他运筹生前、决胜身后的能力，而只是宿命地认为这是上天对他们父子篡汉行为的惩罚报应，或者将其归因于司马氏父子的狡诈阴险，手腕高明。

既然人们不认为曹操对曹魏的衰亡负有责任，那么蜀国灭亡也应与诸葛亮无关，不但如此，诸葛亮生前为蜀国定下的人事安排也完全经受得住历史的考验。

试问，三国后期政局最稳定的是哪国呢？毫无疑问是诸葛亮身后的蜀国。

魏国从 239 年起先是曹爽专权，继而发生高平陵政变，接下来就是司马氏欺君废君乃至弑君的十五年。同时期的吴国则先后经历了孙权晚年的乱政，诸葛恪专权，孙峻专权，后来好不容易有了一个有自由的皇帝，却是个出了名的暴君。

相比之下，蜀国政坛称得上风平浪静，一派和谐。诸葛亮荐举的蒋琬和费祎先后担任政府首脑，二人不但做到了济世安民，而且得到了国家元首后主刘禅的充分信任。之后接任的姜维虽然引起过后主的猜疑，但君臣二人的关系总体上还是比较融洽的。因此可以说正是有了诸葛亮的高明安排，才保证了蜀国的长治久安。

那么，蜀国为什么会早于魏吴两国灭亡呢？这主要是由西蜀的综合实力和地理位置决定的。

魏蜀吴三国之中，魏国占有了东汉的七八个州，吴国拥有三个州，而蜀国却只有益州一州之地和蛮荒落后的南中地区。就人口而言，蜀国人口仅仅九十万，大约是魏国的五分之一，和吴国相比也不到其二分之一。在这种情况下，司马氏若想统一南方，肯定会先挑蜀国这只软柿子开刀。

在防御魏国上，吴蜀两国各有一道天险可以倚恃，吴国是长江，蜀国是秦巴山脉。魏国的水军实力远远不如吴军，因此不会贸然向吴国发起全面进攻。但如果魏国先从陆路征服西蜀，然后从长江上游顺流直下，则平定东吴指日可待。所以，当邓艾带兵暗度阴平天险成功时，蜀国的覆亡已经难以挽回了。

　　如果非要让诸葛亮为蜀国的灭亡担负一份责任的话，那就是他没能使他的儿子诸葛瞻成为一位运筹帷幄、能征惯战的军事家。但这事好像也怪不得诸葛亮，因为他去世时，诸葛瞻只有 7 岁，应该是姜维没有把老师的儿子教育培养好。

西晋王朝

司马懿报仇，十年不晚

在大家心目中，诸葛亮是一位仙风道骨、足智多谋、高风亮节、接近完美的人物，而和他唱了多年对台戏的司马懿则是个相貌丑陋、老奸巨猾、厚黑之至、近乎小人的形象。

其实，历史上的司马懿不是一个如此不堪的家伙，而是个颇有君子之风的人，就连他晚年的报仇经历都恰恰符合了"君子报仇，十年不晚"的古训。

司马懿的隐忍是出了名的，因为大家都知道他装扮成老"伪娘"气坏诸葛亮的故事。

话说234年八月，司马懿和他的老对手诸葛亮正在岐山附近对峙。

一百多天过去了，诸葛亮一次一次地挑战，司马懿却就是甘心当缩头乌龟，"坚壁拒守，以逸待劳"，诸葛亮那样有涵养、有耐性的人居然也急了，他派人给司马懿送来了"巾帼妇人之饰"，也就是女人穿的衣裳戴的首饰，想羞辱羞辱司马懿以便激他出战。可人家司马懿愣是不生气，据说还穿戴上女人衣饰扭了几扭，超前一千八百年扮了一回"伪娘"，结果把诸葛亮气得吐了血。

但司马懿在隐忍方面的最佳表现还不是以五十六岁的年龄扮"伪娘"，而是在六十一岁时立下了"君子报仇，十年不晚"的誓言，而且真的在十年之后报仇雪恨，把仇人拉下了马，并且要了对方的命。

故事还得从曹操的孙子——魏明帝曹叡临终托孤说起。

239 年，年仅三十四岁的魏明帝曹叡驾崩，逝世前任命曹爽和司马懿为辅政大臣，共同扶保太子曹芳。明帝之所以如此安排，是因为司马懿虽能力超强，但没有曹氏血统，不能被完全信任，而曹爽则虽为曹魏宗室，但治国能力有限。

曹爽在治国理政上确实如明帝所料不够成熟，后来的伐蜀兵败、抗吴失策做出了最好的证明，但他争权夺利、胡作非为的本事却是相当不得了。

曹爽还没来得及跟司马懿合作就开始排挤他眼中这个老头子了，他想让尚书奏事先通过自己，以便专权，于是就向天子进言，改任司马懿（原为录尚书事的侍中）为大司马。其实他的这个做法还有一个不可告人的目的——以大司马之位克死司马懿，因为此前有好多任大司马都死在了任上。但司马懿在朝内威望很高，大臣们都上表反对让他担任大司马这个不吉利的职位，曹爽不得不又让小皇帝任命司马懿为没有实权的太傅，意图架空司马懿。

小皇帝曹芳尚未成年，不懂政事，对本家哥哥曹爽信赖有加，言听计从，而太后也不是那种控制欲望强烈的女强人，这更助长了曹爽兄弟们的嚣张气焰。

作为外姓辅政大臣的司马懿只得忍耐，忍耐，再忍耐。

曹爽兄弟专权的时间不是一天两天，不是一月两月，也不是一年两年，而是整整十个年头，司马懿忍耐的功夫在这漫长的时光里可以说修炼到了炉火纯青的至境。

随着欲望的不断燃烧，野心的不断膨胀，曹爽兄弟渐渐地无所顾忌，无法无天，甚至有了以下犯上的行为。

据《晋书·宣帝纪》记载，齐王曹芳正始八年，即 247 年，曹爽用心腹何晏、邓扬、丁谧之谋，把郭太后迁到永宁宫，使皇帝母子分离，难通声息，一时之间，曹爽兄弟"专擅朝政，兄弟并掌禁兵，多树亲党，屡改制度"，变本加厉地排挤司马氏家族的势力。司马懿不能禁止，只得伪装生病，不问政事。"时人为之谣曰：何、邓、丁，乱京城。"

俗话说"人心不足蛇吞象"，这话在曹爽身上又一次应验了。曹爽见司马懿已经病得不上朝，不问政，甚至不清醒了，而自己已经是无人能管的无冕皇帝，便加紧了篡权的步伐。

248 年三月，在宫内担任黄门的太监张当把先帝曹叡的才人石英等十一名后宫佳丽偷偷地送给了曹爽，"朋友妻，不可欺"那是道义，"皇帝妻，不可欺"那可是法律，但胆大包天的曹爽不但欺了，而且感觉很"爽"，于是这哥们儿就有了要把皇帝拉下马自己当皇帝的念头，于是就和他的兄弟手下们乘机跟张当更加紧密地勾结起来，即将做出危害国家社稷的行为。

"君子报仇，十年不晚"，249 年，隐忍了整整十年的司马懿终于等来了为国家除害、为自家报仇的机会。

这一年的正月，魏帝曹芳离开都城洛阳去祭扫魏明帝的坟墓高平陵，大将军曹爽和他的兄弟中领军曹羲、武卫将军曹训都跟随前往。假装生病的司马懿乘机上奏被曹爽迁居永宁宫的郭太后，请废曹爽兄弟。

当时，司马懿的长子司马师官任中护军，率兵驻扎在司马门，控制着京都，司马懿又派部下凭借太后旨意接管了曹爽兄弟的军营，然后自己和太尉蒋济等勒兵出迎天子，驻扎在洛水浮桥，截断了曹爽的归路。

一切准备完毕，司马懿派人送奏章给魏帝曹芳，要求罢免曹爽兄弟。曹爽犹豫不决，最终为求活命而同意交出大权，以侯还第继续做"富家翁"。数日后，司马懿以谋反罪名族诛曹爽兄弟及其亲信。

司马懿凭借着非同寻常的君子特有的忍耐精神，"十年磨一年"，最终一试霜刃，成功制敌，在历史的舞台上笑到了最后。

钟毓：一句话救了几家人

钟灵毓秀是我们非常熟悉的一个成语，意思是说壮美瑰丽的山川风物可以诞养一个个颖异杰出的风流人物，有趣的是，这个成语的第一字和第三字组合在一起，恰好是一位古人的名字——钟毓。

钟毓此人大家似乎所知不多，但提起他的老爸和弟弟，相信很多朋友会有如雷贯耳、恍然大悟之感——他的老爸就是三国时期的曹魏重臣、大书法家钟繇，他的弟弟当然就是灭蜀之后企图拥兵自立最终却一败涂地的魏国名将钟会。

钟毓和钟会兄弟可谓是曹魏政坛的两个童星，他们是在文武百官乃至皇帝关注的目光中长大成人的。

和大多数小孩子一样，钟毓钟会兄弟俩小时候也挺淘气的，特别是弟弟钟会。据《世说新语》记载，有一天，他们的父亲钟繇小酌了一点药酒后，在卧榻上进入了甜美的梦乡。小兄弟俩刚才看见了父亲饮酒时满足陶醉的神情，就商量好了要偷偷地尝尝美味的药酒，然而，二人的表现却颇有不同。钟毓先恭恭敬敬地行了个礼，然后才开始端起杯子品尝，而钟会则是迫不及待地举起酒杯一饮而尽，这场景都让被惊动后假装酣睡的钟繇收在了眼底。当钟繇问起此事时，钟毓答曰"酒以成礼，不敢不拜"，钟会却说"偷本不礼，所以不拜"。

后来，钟毓钟会兄弟口才过人的事儿传到了魏文帝曹丕那里，于是，他们哥儿俩就被召入宫中面圣，这才有了大家熟悉的钟毓"战战兢兢，汗如雨下"和钟会"战战兢兢，汗不敢出"的精妙故事。

顺便说一下，这个小故事可以证明现在认定的钟会生于225年是有问题的，试想，魏文帝曹丕死于226年，如果钟会225年出生，即使有哥哥钟毓的示范性的回答"陛下天威，臣战战兢兢，汗如雨下"在先，当时只有一两岁的钟会也无论如何说不出"陛下天威，臣战战兢兢，汗不敢出"那样的妙语。

再结合第一个故事中兄弟俩一起偷饮药酒的经历来看，二人之间的年龄差距应该不大，既然钟毓生于210年左右（钟毓十四岁为散骑常侍，228年因上书谏阻魏明帝亲征升为黄门侍郎，由此可以推出），钟会很可能生于215年前后，而不是225年。

这两个故事虽小，却非常好地表现出了钟氏兄弟不同的性格特征——哥哥钟毓小心谨慎、循规蹈矩，弟弟钟会胆大过人、能言善辩，二人最后的人生结局之所以有着霄壤之别恰恰在于他们大相径庭的性格，正所谓"性格即命运"。

钟毓的军事才能虽然不如钟会出色，但他在政治上的高瞻远瞩和先见之明遥遥居于钟会之上。

228年，诸葛亮一出祁山，曹魏举国震动，明帝曹叡准备御驾亲征，激励将士破敌，钟毓谏议皇帝"运筹帷幄之内，决胜于千里之外"，不应轻易置身前沿阵地，以防受伤动摇国本。钟毓的一片忠心和深谋远虑打动了魏明帝，皇帝将他从散骑侍郎升为了黄门侍郎。

和高瞻远瞩相比，钟毓的先见之明给人留下的印象更为深刻。

话说 257 年，诸葛诞在淮南起兵反对司马昭，司马昭召集朝中大臣商议他是否需要亲自前去征讨。与会朝臣大多认为吴国刚刚发生内乱，不会派兵援助诸葛诞，因此司马昭不必亲往淮南平乱，但钟毓却认为所谓吴国内乱"雷声大雨点小"，对吴国造成的影响微不足道，所以吴主肯定会和诸葛诞联手讨伐司马昭。司马昭最后采纳了钟毓的建议率领大军亲征淮南，而其后事态的发展正如钟毓所料，形势对司马昭一方来说极为不利，因为有了钟毓的先见之明和司马昭的正确决断，淮南之乱最终得以顺利平定。

钟毓最厉害的一次先见之明和他弟弟钟会有关，正是在这个事情上他的一句话救下了几家人的宝贵生命。

作为大哥，钟毓对小弟钟会的才能和为人非常了解，他知道钟会文武兼备，雄心勃勃，绝非久居人下之人。当钟会官职爵位越来越高，对权力的欲望越来越大的时候，处世谨慎的钟毓心底有了越来越重的不安全感，他预感到钟会将来某一天会向司马昭的权威发起挑战，从而走上一条不归路。他当然不愿意看到这样的事情发生，他要尽最大努力避免事态朝这个方向发展，于是，就找了个合适的机会悄悄提醒司马昭说："吾弟才智过人但恐有不臣之心，不可不防。"司马昭听后哈哈大笑:"若果如此,则吾只治钟会之罪而不累及钟氏一门。"

钟毓本来是希望司马昭不要过于重用钟会,这样钟会就没有机会拥兵自重,当然也就不会燃起他那和司马昭分庭抗礼的不臣之心,但是,司马昭并没有把钟毓的善意提醒放在心上,就像诸葛亮当初忽略了刘备"马谡言过其实,不可大用"的嘱咐一样。然而,历史证明钟毓的担心不是多余的,正是因了他这份担心,钟氏家族后来才得以免去了一场灭族之灾。

263 年,钟毓因病在荆州都督任上逝世,长子钟骏继承了他的爵位。

第二年,司马昭发动了伐蜀之战,钟会和邓艾各领一路大军向蜀国都城成都进军。虽然邓艾偷渡阴平,取得先机,进而包围成都,迫使后主刘禅献城投降,但却因为居功自傲而被钟会等人诬陷为阴谋叛乱,从而落得个家破人亡。此后,钟会兵入成都,成了伐蜀大军的唯一统帅,野心随之疯狂膨胀,意欲在蜀地自立为王,重演三国鼎立的旧事,最终因为消息泄漏而兵败被杀。

司马昭当然是个狠角色,却也是言而有信之人,当他准备把屠刀向钟氏家族举起时,耳边响起了钟毓在世时的提醒和他当初许下的承诺,于是,钟会的儿子们都遭到诛杀,而钟毓的几个儿子都因为父亲的那一句话保住了自己和家人的生命……

这正是:

钟会反被聪明误，

名将最终变叛臣。

钟毓一生唯谨慎，

一句话救几家人。

王祥：不仅是个"卧冰求鲤"的孝子

"二十四孝"中的"卧冰求鲤"是中国人喜闻乐道的故事之一，因为它既宣扬孝道，又颇有童趣，还充满神奇色彩，故事的主人公王祥在历史上不仅有明确记载，而且和我们熟悉的很多大人物息息相关，密不可分。

王祥的继母朱氏被王祥的善良和孝顺感动后，痛改前非，将王祥视为己出，一家人终于过上了和和睦睦的新生活。虽然王祥家里的矛盾圆满解决了，但当时的中原大地依然是"白骨露于野，千里无鸡鸣"的乱世。为了躲避北方无休无止的战乱，王祥一家人从琅琊郡南迁到了千里之外的庐江郡，也就是现在的安徽省合肥市一带，直到公元 220 年曹丕建立魏国，北方渐呈太平之势时，才响应征召出山做官。

征召王祥为朝廷效力的乃新任徐州刺史吕虔，就是《三国演义》中赤壁之战时为曹操掌管后军，和徐晃、张郃、夏侯渊等并列的那位名将。吕虔对王祥非常信任，安排他担任别驾一职，并把徐州的政事都委托给他处理。

王祥是个德才兼备的人，他没有辜负吕虔对他的信任，以自己的忠诚和才干交上了一份几乎满分的试卷。王祥到任时，徐州东部海沂一带盗匪横行，民不聊生，他率领兵士们马不停蹄地讨贼荡寇，将那些为害一方的强盗匪徒打得要么伤亡殆尽要么缴械投降，徐州境内得以呈现出太平无事、安居乐业的一片祥和气象。徐州百姓们非常感激王祥，他们编了这样一首歌谣来歌颂他："海沂之康，实赖王祥。邦国不空，别驾之功。"

俗话说"忠孝不能两全"，但了不起的王祥却既是一个出名的孝子，又是一位无畏的忠臣。

曹丕的孙子曹髦做皇帝、司马昭专权的时候，王祥已经是举足轻重的四朝老臣了。曹髦对王祥极为敬重，任命他为魏国三老，并经常向他请教治国之道，王祥则不顾年迈悉心辅佐曹髦，年逾古稀的老臣谆谆教导风华正茂的皇帝那一幅美好的画面可谓动人心弦，感人至深。不幸的是，几年后曹髦因为领兵反抗司马昭的控制而被奸贼杀害了，噩耗传来，忠心一片、无所畏惧的王祥捶心痛哭，泪流满面地说："这是老臣的罪过呀！这是老臣的罪过呀！"

司马昭死后，他的儿子司马炎袭爵成为晋王，王祥和荀𫖮按照朝仪去向他表示祝贺。荀𫖮对王祥说："晋王是国之宰相，地位尊贵，今日我们见他时应当下拜。"王祥回应说："晋王是魏的宰相，我们是魏的三公，公与王上朝时同班而列，哪有天子的三公动辄向人下拜的道理？这样会损害魏的威望，也将有损晋王的品德。君子爱护一个人应按礼行事，我不会拜他。"见到司马炎时，荀𫖮立即屈膝下拜，而王祥说到做到，只是作了一个长揖，司马炎不仅没有责怪他，还满怀敬意地说："今天才知道您是多么看重我啊！"

当司马炎强迫魏元帝曹奂禅位，自己登基以晋代魏的时候，王祥又一次表现出了他忠贞无畏的高风亮节。尽管晋武帝司马炎和曹髦一样对王祥特别敬重，但王祥还是以年老体弱为由，多次请求让位退休。晋武帝竭力挽留，王祥依旧不为所动，坚持要辞官隐退，武帝最终拗不过王祥，只得颁下圣旨同意他以一等爵位睢陵公的身份退隐，并且同时享有和三公一样的地位，和以前一样的俸禄。

王祥毫无疑问是忠于曹魏王朝的一代名臣，可是，史书却跟他开了一个大大的玩笑——《三国志》的魏国部分并没有他的传记，而《晋书》中却有他的一席之地。之所以如此，应该是因为王祥的子孙后人在有晋一代无比发达，荣耀无双——大家熟知的王谢风流中的王氏家族的开山鼻祖就是王祥。也就是说，东晋王朝的开国第一勋臣王导、古今第一大书法家王羲之身上都流着和王祥一脉相承的热血。

嵇康：最典型的才子之死

纵观中国历史，文人才子的生命归宿大抵有四种：其一，在隐居中溘然长逝，如陶渊明，如孟浩然，如唐寅；其二，在失意潦倒中忧郁而死，如李白，如杜甫，如李商隐；其三，在理想破灭后自尽而死（投水者居多），如屈原，如司空图，如王国维；其四，因言罹祸，死于统治者的屠刀之下，如嵇康，如高启，如金圣叹。笔者以为，第四种死亡是最典型的才子死亡方式，而嵇康则是第四种之中最典型者，一是因为他的年代相对较早，二是因为他所处的正是一个腥风血雨、钳制舆论的时代，三是因为他是一个忧国忧民的忠义之士，四是因为他是个秀外慧中、内外兼修的真才子。

嵇家有男倾洛城

我们通常认为嵇康是西晋文学家、音乐家，实际上，他一生都生活在三国时期，而且与魏国皇室有着密切关系，他的妻子是魏武帝曹操的曾孙女长乐亭公主。

幼年丧父、家境不佳的嵇康为什么会成为魏国皇室的女婿呢？

答案很简单：嵇康不仅才高八斗，学富五车，而且是名动京师洛阳的美男子，是一个一等一的大帅哥。

嵇康身为"竹林七贤"之首，他的才华学问是地球人（至少地球上的中国人）都知道的，但知道他帅气的人可能不是很多。其实，嵇帅哥的仪表风姿远远超出他的才华学问，若论后者，他在文学史上只能排在中上游，若论前者，他绝对位列前三名，甚至是独一无二，天下第一。

那么，嵇康究竟有多么帅呢？请看历史记载。

据《晋书》记载，他"身长七尺八寸（至少相当于现在的一米八），美词气，有风仪，人以为龙章凤姿，天质自然"。

《世说新语·容止》赞美他"风姿特秀，如萧萧肃肃，爽朗清举"。或云："肃肃如松下风，高而徐引。"

他的朋友山涛则说：嵇康站时就如孤松独立；醉时恰似玉山将崩。

实际上，嵇康之美已经到了出神入化、超凡入圣的程度，据说一次他去森林里采药，正流连山色时，一老樵夫望见他的神采，惊呼："此仙人也！"

尤为难得的是，嵇康绝不是傅粉何郎那样的奶油小生，也非"桥南荀令过，十里送衣香"之流的藻饰之徒，他崇尚的是清水芙蓉般的自然美，毫不雕饰，绝不美化，这与他在诗文创作上的理念——"心写心语不失真"是一脉相承的。

更加难得的是，在几乎所有的文人才子都弱不禁风、急需补钙时，嵇帅哥却有着连我们当代人都极为羡慕的健美挺拔之身材、古铜色之肌肤。因为他有一个特别的爱好，那就是锻铁。

每年夏天，嵇康都会在自家院内的柳树下锻铁，在酣畅淋漓的流汗中尽情享受生活的快乐。四百年后的大诗人李白曾经写过一首赞美冶铁匠人的《秋浦歌》：炉火照天地，红星乱紫烟。赧郎明月夜，歌声动寒川。诗中的赧郎不恰好是高大帅气、善抚琴、能高歌的嵇康之绝妙写照吗？

锻铁造就了一个更与众不同的嵇康，也为他的悲剧命运埋下了伏笔。

竹林中的隐居者

嵇康生活的年代正是曹魏政权走向衰落，司马氏父子特别是司马师、司马昭兄弟专权独断、意欲篡位自立的时代。作为曹魏皇室的女婿，作为有着强烈是非观的文人，看着一个个小皇帝被司马氏兄弟控制把玩在手掌之中，时时刻刻可能被废被杀，嵇康感觉"有心杀贼，无力回天"，干脆来个"眼不见，心不烦"，做了一百多年之后的陶渊明的表率，辞去官职，举家迁到山阳（今河南修武，就是著名的云台山景区所在地）归田园居，灌园自给，过起了隐士的生活。

嵇康原本就崇尚老庄之学，追求清静无为，隐居之后，这种思想变得愈发浓烈，养生求仙、采药服药、呼朋唤侣、清谈纵酒成了他生活的主要内容。经常与他一起啸聚竹林、高谈阔论的名士有阮籍、吕安、山涛、刘伶、向秀、阮咸、王戎等，人们将嵇康与其中的六位称为"竹林七贤"。令人迷惑不解的是，最与嵇康志同道合的吕安没有进入七贤，而和嵇康背道而驰的王戎却居七贤之列。

虽然"竹林七贤"大都崇尚老庄之学，不拘礼法，生性放达，但他们的政治态度却并不一致。嵇康坚决不与司马氏合作；阮籍、刘伶、向秀、阮咸表面上合作，实际上不肯为之服务；山涛、王戎则最终选择了死心塌地为司马氏服务。他们最终的结局也因此有了不同：嵇康被害，阮籍四人郁郁而终，山涛、王戎却飞黄腾达。需要一提的是，就个人品德而言，山涛算得上是个君子，这点以后还会提到；王戎则彻头彻尾是个小人，孔子告诉我们小人难养，王戎的经历则表明小人易活。

实际上，司马昭是一直想笼络利用嵇康的，但高傲的嵇帅哥就是不给他面子。最终导致嵇康被害的除了他本身的性格之外，另一个小人的所作所为也是其中的关键因素，这个人就是钟会。

惹不起的钟"小人"

钟会何许人也？他是一个高门士族的公子哥，父亲钟繇是著名书法家，同时是深受曹操、曹丕、曹叡三代帝王信任的大臣。按说这个从深沐皇恩的诗书簪缨之家走出的青年应该忠心于曹魏皇室，没想到他却投入了司马氏家族的怀抱，助纣为虐，为虎作伥。

嵇康和钟会之间致命的梁子是在他锻铁时结下的。

一日，嵇康正袒露着一身古铜色的肌肤热火朝天地锻铁，他的朋友向秀则在一旁为他拉风箱。这时，政坛上炙手可热、风头正盛的一个人物——钟会慕名前来拜访。品行高洁的嵇康非常蔑视这个出身曹魏重臣家庭却甘心为企图篡魏自立的司马氏牵马坠镫、吮疮舔痔的小人，于是自顾自地锻铁不辍，不予理会。

受到冷落的钟会恼羞成怒，拂袖正要离去时，一段著名的对话在历史的空间响起——

嵇康问：何所闻而来？何所见而去？

钟会答：闻所闻而来，见所见而去。

钟会愤愤地走了，嵇康哈哈地笑了，向秀在一旁不禁为嵇康出了一身冷汗。

历史告诉我们，小人是得罪不得的，他们会想尽一切伎俩，使出浑身解数来报复你，中伤你的名誉，破坏你的形象，甚至戕害你的生命。

可是，像嵇康这样的正人君子又怎么能容忍宵小们的丑恶嘴脸呢？

绝交了还是朋友

当"挟天子以令诸侯"的司马家族将系着高官厚禄的钓鱼竿伸向"竹林七贤"时，功名之心强烈的山涛、王戎坐不住了，他俩溜出竹林，当起了高级公务员，走上了为司马家族服务的道路。疾恶如仇、眼里容不下沙子的嵇康愤怒了，胸中烈火熊熊，只是还没有找到突破口。

山涛在升任新职后，竟然打算推荐嵇康担任他以前的职位，嵇康这座活火山终于喷发了，他抬笔疾书，一气呵成，写下了重达千钧、光耀史册的《与山巨源（即山涛）绝交书》。在这篇宏文巨作中，嵇康首先批评讽刺了其志不坚的山涛，而后洋洋洒洒地列出"七不堪""二甚不可"，表明自己不愿为官、崇尚老庄、蔑视封建礼教之心迹，并嘲笑抨击了司马氏统治集团。

《与山巨源绝交书》就像一篇嵇康和司马氏公开决裂的宣言书，最终给他带来了杀身之祸，但嵇康是九死不悔，心如玉石的。令人瞠目结舌、大跌眼镜的是，他竟然在临死前将子女托付给了那位山涛先生。

据《晋书》记载，嵇康在与亲人诀别时，看着自己的一双儿女，深情而放心地说出这样一句耐人寻思的话语：山公（指山涛山巨源）在，汝不孤矣！因为他知道，虽然山涛与他政治选择不同，但绝对是一位宽厚善良、诚实可信的长者（山涛比嵇康年长二十多岁）。

事实证明，嵇康没有看错人，山涛不但将嵇康的子女养育成人，而且还推荐嵇绍（嵇康之子）担任了重要官职。嵇康与山涛二人共同演绎了一段"君子和而不同"的历史佳话。

那么，旷世才子嵇康生命的最后岁月是怎样在历史舞台上挥洒的呢？

《广陵散》于今绝矣

正当司马昭因为《与山巨源绝交书》而恨嵇康恨得牙龈肿胀、

几近喷血时，一桩冤案将嵇康扯了进来，不知当时司马昭是否兴奋地大叫一声"天助我也！"而后亢奋得废寝忘食，满屋子转圈。

原来，嵇康好友吕安之兄吕巽迷奸了弟媳徐氏，却反过来恶人先告状，以"不孝"的罪名诬陷吕安，结果倒霉的吕安身陷囹圄。义薄云天的嵇康闻听消息后，义愤填膺，努力营救。不幸的是，他在为朋友作证时，却恰遇钟会，钟会公报私仇，竟以"乱群惑众"的罪名将嵇康打入大牢。

嵇康临刑之前，顾视日影，索琴而弹，从容不迫地演奏了他最喜欢的曲子《广陵散》，一曲终了，嵇康长叹一声："《广陵散》于今绝矣！"而后慷慨赴死。海内闻之，莫不痛惜。

公元 262 年的那一天，《广陵散》绝矣！奇男子嵇康绝矣！

"竹林七贤"中的吝啬小人

谁是古往今来世界上的天字第一号吝啬鬼？莎士比亚剧中的夏洛克？不对。莫里哀剧中的阿巴贡？不对。巴尔扎克笔下的葛朗台？也不对。果戈理笔下的泼留希金？也不对。莫非是吴敬梓《儒林外史》中的严监生？还是不对。到底是谁呢？这个家伙应该是"竹林七贤"中的王戎。

和前面五位相比，王戎至少有两个优势：第一，他比那五个家伙更真实。后者都是虚构的文学人物，而王戎确实是实实在在、史书中有传的人物；第二，他比那五个家伙更早。后者中最早的夏洛克出现在 16 世纪，而王戎则生活在 3 世纪，比他们足足早了一千三百多年。

王戎不但有这两个突出的优势，而且他吝啬鬼病发作的时候，其程度和那五位相比，绝对有过之而无不及。

按理说，出身于高门豪族琅琊王家的王戎（他的祖父王雄为幽州刺史，父亲王浑是凉州刺史，都是封疆大吏）不该如此吝啬，但事实却恰恰相反，这大概和他在仕途上的一次挫折很有关系。王戎早年在荆州刺史任上时，曾私派部下为自己修建园林宅第，后被人告发并被免官，但他不久就花钱把官赎了回来。可能就是这次经历使王戎深刻体会到"功"与"利"之密不可分，功名可以带来金钱，而金钱则可以买回甚至买到功名，为了避免陷入司马迁那样因囊中羞涩而遭受腐刑的灾难，王戎的眼光紧紧锁定在了孔方兄、阿堵物之上。

现在让我们刮刮眼睛，看看他的光荣事迹吧！

贪婪的人好像并不少见，但像王戎这样贪而又吝的家伙似乎并不多见。据说，他经常手执牙筹（古代的运算工具）计算自己的财产，不分白天黑夜，乐此不疲。而其吝啬和其贪婪舍命比拼，丝毫不肯落后，王戎虽坐拥万贯家财却不愿花钱把身体搞得棒棒的，整天一副病快快的模样。老天爷竟也让他活到了七十多岁，真是奇了怪了！

王戎好像跟李子很有缘，小时候因为判断路边多果之李必苦而不抢摘得以扬名天下，后来却又因为李子遗臭万年。以记载魏晋士大夫言行见长的《世说新语》在《俭啬》篇中写道："王戎有好李，卖之，恐人得其种，恒钻其核。"翻译成我们现代的语言，就是说：王戎家中有棵很好的李子树，贪财的他常拿李子去卖钱，又怕别人得到种子，就总是故意把李子的核钻毁。虽然只有区区十六个字，王戎之吝啬已跃然纸上，活灵活现矣！想一想王戎摘李钻核的场面，肯定奇丑无比。

《世说新语·俭啬》还记述了这样的故事：王戎的女儿出嫁到裴家之后，从娘家借了一些钱，一直都没有归还，所以，女儿每次回来省亲时，王戎立刻晴转多云，面部呈八点二十状，直到女儿把钱还清，他才多云转晴，高兴起来。王戎的侄子要成婚，王戎只送了他一件单衣，而且仍然心疼得不得了，老觉得这件礼物太贵重了，于是在侄子完婚后又厚着老脸要了回来。

让王戎欣慰、令我们惊讶的是，王戎的老婆竟然对他非常满意，还深情款款、神经兮兮地称他为"卿"。要知道，"卿"乃是当时丈夫对妻子的称呼。所以，身为大老爷们的王戎不高兴了。于是，他老婆说："亲卿爱卿，是以卿卿。我不卿卿，谁当卿卿？"结果，"卿卿我我"一词很快就新鲜出炉啦。你看这两口子，真是王八看绿豆——对了眼啦！

潘岳：最美的，也是最丑的

古往今来，人们在夸奖一个男子长得漂亮时往往会说他"貌若潘安"。有人以为这位潘美男是小说中的虚构形象，有人觉得他是传说中的神奇人物，实际上潘美男在历史上确有其人，他就是西晋文学家潘岳。

潘岳，又名潘安，字安仁，乳名檀奴，荥阳中牟（今河南中牟）人。相传他姿貌丰美，神采俊朗，所以后人常以其名作为美男子的代称，就连檀郎都成了对心上人的昵称。

潘岳之美乃是纯天然的绿色产品，绝对不是靠垫骨隆鼻、割双眼皮等类似整容手术得来的，而且他生来就美，一直很美，以至于美出来一个典故。

据《晋书》记载，风和日丽的一天，"少帅"（少年帅哥也）潘岳乘宝马雕车，携弹丸弹弓出洛阳城游玩，没想到少女少妇们一看见他，都手拉手地围拢上来欣赏帅哥，一边赞美感叹，一边将自己携带的桃儿李儿杏儿等各色水果投入潘岳的车中，潘"少帅"遂满载而归，于是就有了"投果"这个典故，用来表示女性对于美男子的爱慕之情。

潘岳不仅玉树临风，而且才华出众，但这两个优势却没有让他在仕途上平步青云、飞黄腾达，相反，由于才名太盛，属于树大招风的主儿，他大半辈子受人嫉妒，官位一直很低，而且长期在京外任职，用仕途坎坷来形容一点也不为过。到了五十岁的时候，他总结出了自己前半生仕途落魄的主要原因是"拙"，所以，他决定弃"拙"而取"巧"。

于是，在想办法回到京城之后，潘岳开始诌媚权贵，依附权臣。贾后（即贾南风）垂帘听政时，潘岳做了当时的权臣贾谧的文学集团"二十四友"之首。

为了讨好贾谧，他还时刻恭候在贾谧的宅院外面，一看到贾谧出门，立刻望尘而拜，做人做到这个份儿上，也真难为潘老帅哥了。吃了人家的嘴短，拿了人家的手短，"二十四友"集团从贾谧那儿吃饱喝足之后，就疯狂地为贾氏外戚集团出谋划策，歌功颂德，竭尽犬马之劳，而潘岳是其中最卖力的一位。

有时候，老天的报应是丝毫不爽的，潘老帅哥深深体会到了这一点。

太子死后，赵王司马伦借口报仇，发动兵变，入宫除尽了贾氏一党。潘岳从前得罪过赵王伦的狗头军师孙秀，而孙秀绝对是个纯粹的小人，所以，现在潘老帅哥只有死翘翘的份了，而且还是满门抄斩。眼见白发苍苍的老母也身披锁具，忆起昔日老母对自己的劝诚叮咛，潘岳泪如雨下，跪拜于地痛叫一声："儿负阿母！"但事已至此，悔之晚矣！

潘岳，曾经恃才傲物的翩翩公子，竟然在鬓发花白之时为了飞黄腾达学会了趋炎附势，成了丑恶的社会败类，而最终不但自己因此丧命还累及全家。

论外形，潘岳肯定是古今文学家中最美的之一，论品行，他无疑也是骚人墨客中最丑的之一，这位才子兼美男子的人生足印足以让后人惜之，悲之，思之，鉴之。

一千七百年前的现实版风流贾府

提到贾府，人们首先想到的是《红楼梦》中"贾不假，白玉为堂金作马"的荣宁二府，但笔者在此要写的这个一千七百年前的风流贾府，其权势和财富绝对在前者之上。

这个贾府的当家人名叫贾充，是晋武帝司马炎最宠信的大臣，官至太尉，相当于现在的军委副主席或国防部长，比贾政的官职高得多，也重要得多。

贾充是魏国豫州刺史、阳里亭侯贾逵的"老来子"，贾逵老来得子，欢天喜地，认为自己必有后福，当有充闾之庆，所以给儿子取名为充，顺便把字定为公闾。可惜的是，贾家乐极生悲，魏明帝太和二年（228年），贾逵在儿子十一岁时就去世了，留下了妻子柳氏和未成年的贾充、贾混兄弟两个。

父亲死后，贾充作为长子因袭爵位成为阳里亭侯，任尚书郎。贾充能言善辩，为人圆滑，进入官场之后他的仕途顺风顺水，官位一直在上升，到司马昭执掌魏国大权时，他已经是爵封宣阳乡侯（比亭侯高一级）的廷尉（相当于司法部长）了。

在此期间，贾充的家庭却经历了一次重大的变故。

贾充的第一个妻子李氏出身名门，乃是中书令李丰之女，她知书达礼，端丽贤淑，深得婆母喜爱。婚后，李氏给贾充生下了贾荃、贾濬两个女儿，一家人上下谐和，其乐融融。就在两个女儿即将成年的时候，不幸的事情发生了，齐王曹芳嘉平六年（254年），李氏的父亲李丰因反对专权的司马师被杀，李氏也因受父亲牵连而被流放到边远地区去服苦役。

贾府的大小事宜总得有个人打理才行啊，于是贾充又娶了城阳太守郭配之女郭槐。

曹魏末年，司马氏势力如日中天，权倾朝野，司马昭掌权时更是气焰嚣张，连皇帝也不得不忍让他三分。年轻气盛的魏主曹髦深知司马氏久有篡位之心，曾说"司马昭之心，路人皆知"。在忍耐了几年之后，这个热血青年终于爆发了，他带着太监仆役和一部分宫廷侍卫向司马昭的晋王府发起进攻。作为司马昭第一心腹的贾充奉命带兵杀死了曹髦，并劝司马昭取代曹氏另立朝廷，司马昭以为时机还不成熟，于是另立曹奂做了傀儡皇帝。

司马昭做晋王后，曾想立次子司马攸为世子（诸侯王爵位的继承人），贾充劝阻说长子司马炎聪明神武，胆识过人，有超世之才，又宽仁孝慈，有人君之德，能归附人心，应立长子为世子。这样司马炎才得以在司马昭死后以世子身份继承了晋王爵位。司马昭临死前拉着司马炎的手，谆谆嘱咐他说："真正了解你的是贾公闾呀！你不要辜负于他。"贾充因此很得司马炎的倚重，不久便被封为临颍侯（比乡侯更高）。

魏元帝曹奂咸熙二年（265年）十二月，司马炎在贾充、裴秀等人协助下逼令曹奂禅位，司马炎受禅称帝，史称晋武帝，定都洛阳。贾充因功被加爵鲁郡公，拜车骑将军、散骑常侍、尚书仆射（相当于副总理），后又拜为侍中、尚书令（相当于总理）之职，参与枢密机要，一时朝野侧目。

正当贾充在政治上春风得意、宏图大展之时，他在家中却又遇到了大难题。

原来，贾府的新女主人郭槐和《红楼梦》里的王熙凤一样是个醋坛子，生性妒忌，而且心狠手辣。郭槐在高贵乡公曹髦甘露元年（256年）生下女儿贾南风后，更是变本加厉，歇斯底里，浑如变态一般。她对贾充身边的所有女性都心怀戒备，若是看到谁同自己的丈夫有来往，就会醋海生波，由波变浪，直到形成海啸，搞得贾府人仰马翻，一地鸡毛，甚至闹出人命。

贾南风的弟弟贾黎民（这个名字挺有现代味）三岁时，乳母带着他在贾府门外玩耍，贾充走来时，小儿子张着手，笑着让父亲抱，贾充便走上前弯下腰亲热地拍抚他。这一幕正巧被郭槐碰上，她以为乳母跟贾充有私情，不问青红皂白，竟将可怜的乳母鞭打至死，贾黎民也因为没了乳母最终得病而死。后来，郭槐又生下一个男孩，仍找来一个乳母喂养。有一天，乳母抱着孩子在贾府院内游玩，贾充上前抚摩孩子的头，郭槐又认定乳母有意勾引贾充，不由分说又将乳母活活打死，这个儿子也因此早夭，贾充就像贾琏一样由此绝了后代根。

司马炎称帝后，贾充的原配夫人李氏获得大赦回到了洛阳，为了成全他们夫妻团圆，司马炎特地降下恩诏允许贾充置左右夫人，迎归李氏。晋武帝的意思是贾充迎归前妻后，仍可给郭槐正妻夫人的名分，也免得让贾充难堪。贾充谢恩回家，将此事告诉了郭槐，谁知郭槐火冒三丈，根本不把皇帝的圣旨放在眼里，立即给了贾充一顿数落："这些年我跟你同甘共苦，患难与共，容易吗？你有今天，别忘了我的功劳。休想让那老妖精在我跟前碍眼。"贾充见她不依不饶，又怕她再撒泼使性，干脆谢绝了皇帝的恩诏，断了要置两夫人的念想，而是在城中永年里为李氏另修了一处宅院安身。

贾充和李氏的女儿贾荃、贾濬多次哀求父亲去看望她们的生母，贾充却一直不敢答应。尽管如此，郭槐仍不放心，每到贾充外出时，她都要派人暗中盯梢，唯恐贾充背着她去找李氏破镜重圆。后来，贾荃成了晋武帝的弟弟齐王司马攸的妃子，便劝说父亲休掉郭槐而迎还其母李氏，有一次竟叩头流血，但贾充硬是不敢点头，虽然他心里也觉得自己有愧于李氏。贾充在母亲临终时，问她还有什么吩咐，贾母说："我让你把我那贤德的媳妇迎回来你尚且不肯，何必再问别的。"结果，李氏一直也未能再回贾府。

一千七百年前的现实版贾府不仅有像二奶奶王熙凤一样的醋坛子，还有比贵妃贾元春地位还高的皇后，她就是贾充和郭槐的第一个女儿贾南风。

当初，晋武帝司马炎本来准备给太子娶大臣卫瓘的女儿。他曾经跟皇后杨艳讲："卫氏之女与贾氏之女，实在是泾渭有别，你难道不知道？贾家夫人天生好妒，又生子不多，贾家的姑娘长得又黑又丑不说，且身材短小，若是娶来会影响我司马家的后代；卫家夫人天性贤惠而又儿孙满堂，卫家姑娘长得白皙漂亮不说，而且身材修长，高个媳妇门前站，不会做活也好看。你说该选谁？"但杨皇后早就听贾充亲信和郭槐等人给她吹过风，说贾女如何如何贤德，便固执己见，请选贾氏。这个时候，武帝宠信的荀勖等人也附和杨皇后，向皇上奏称贾充之女"姿德淑茂"，是太子妃的最佳人选。最后，晋武帝高瞻远瞩，放眼未来，为了皇位的巩固和家庭的和谐答应了这门亲事。

要说贾南风的相貌，那可真是非一般的丑，据说生的是身材矮小（一米四左右），面目黑青，鼻孔朝天，嘴唇保地，眉后还有一大块胎记。不过，她那太子夫君司马衷也实在够人受的，是个十足的智障。有一次，他在华林园玩耍，听到水中蛤蟆在叫，便问身边的人："这蛙鸣是为官还是为私呀？"令在场者啼笑皆非。后来，他做了皇帝，对饥民饿死甚为不解，曾问大臣这样的话："百姓挨饿，何不食肉糜（吃肉粥）？"

太子司马衷虽然智障，却也知道男女之事。工于心计的贾南风一进宫就开始了婚姻保卫战，她决不允许宫中其他女人接近太子得到宠幸。随着时光的推移，贾南风从她老妈郭槐那儿遗传来的妒忌品性暴露无遗，而且越来越酷虐凶暴，看着太子宫中哪个女人不顺眼，就亲自拿刀将人杀死，尤其对偶尔受到太子临幸的妃妾，更是毫不留情。一次，贾南风听说太子的一个妃妾怀了孕，便手持画戟，猛击那个妃子的腹部，生生地将胎儿打了出来，现场血肉模糊，惨不忍睹。

太熙元年（290年）四月，武帝司马炎病死。太子司马衷登基即位，历史上称为晋惠帝。贾南风顺理成章地升格成为皇后。

晋惠帝即位之初，贾南风虽然很想参与朝政，但朝廷大权牢牢掌握在皇太后杨芷和她父亲太傅杨骏手中，贾南风一直无隙可乘。

对于太傅杨骏与皇太后一手遮天，贾南风早已心怀不满，经过十余年宫廷的熏染与磨炼，她无时无刻不想取而代之。经过多方策划之后，已经和宦官、皇族结成联盟的贾南风终于开始反击了。

永平元年（291年）三月八日夜间，贾南风骗得惠帝下了一道诏书，说杨骏谋反，派楚王玮等率兵包围了杨府，将杨骏一家老小及亲信党羽一网打尽，全部杀死，拉开了中国历史上臭名昭著、生灵涂炭的"八王之乱"的序幕。

贾南风控制了朝廷大权之后，在生活上愈来愈荒淫放荡。

本来贾南风对丈夫就不甚中意，怨他呆痴无味，不解风情，因而她早就与可以自由出入宫掖的官员如太医令程据等人淫乱。自从大权在握，她更毫无顾忌，大肆搜罗男宠供其淫乐，搞得朝野上下沸沸扬扬。她手下有一批人专门给她到处物色健美的少年，秘密送到宫中。

据说，洛阳城南住着一位小吏，长得相貌堂堂，英俊潇洒，忽然有一天，他穿着极其华丽的衣服值勤，大家见了，都怀疑衣服是他偷来的。长官也心有疑虑，让他当众说个明白。这小吏为了洗刷自己，就娓娓道来：

某一日，我在路上遇到一个老太婆，她说，家里有得重病之人，巫师讲应找家住城南的少年来驱邪消灾，想暂时让我走一趟，事后必有重谢。于是，我答应随她去。上了车，她放下帷布，将我装在一个大竹木箱中。走了十余里，过了六七道门，才把我从箱中放出来。我抬头一看，眼前琼楼玉宇，富丽堂皇，甚是气派。我就问："这是到了哪儿？"有人告诉我说"是天上"。我也没有多问。接着就让我洗了热水澡，那水中香气袭人，以前从未享受过。刚洗完，就有人送来了漂亮的衣物，还端来了美味佳肴。待酒足饭饱，忽见一个女人，看上去三十五六岁的样子，身材矮小，脸色青黑，眉后还有一块小疵。她留我住了几晚，与她同床共枕，极尽欢宴。临走，从那儿出来时，她赠给了我这些东西。

众人听他讲完，都明白了这黑矮女人就是皇后贾南风，便讪笑着离去了。

这一时期，经常发生俊美男子失踪的事，原来都是被贾南风弄到宫中供其淫乐后秘密杀死埋掉了。唯有这个城南小吏，因为不但长得端丽，而且生性乖巧，能说会道，很得贾南风怜爱，这才捡了一条命，活着出来。

贾南风的妹妹贾午虽然和她是一奶同胞，在外形上却和姐姐大不一样，据说生的是"光丽艳逸，端美绝伦"，但她们姐妹俩在性格上还是有不少相似之处的，比如胆大，比如好色。其实，早在贾南风淫乱后宫、祸害美男之前很多年，贾午就已经有了勾引帅哥、夜夜偷情的香艳经历。

和贾午偷情的是洛阳城的一个风流才子，姓韩名寿，不仅风流倜傥、英俊潇洒，而且博学多才，为时人所重。贾府的当家人贾充当初正是相中了韩寿的才干，才征调他到自己的幕府中担任秘书之类的官职。

贾充身为晋武帝的宠臣和未来的国丈，权倾朝野，一手遮天，家里经常高朋满座，共饮同乐，而作为秘书官的韩寿自然会参与其中。

有一次贾充在家中大宴宾客，二小姐贾午从自己的闺楼上开窗呼吸新鲜空气时，正好看见了美男子韩寿，浑身的骨头霎时间就酥了，一下子就死心塌地爱上了他。

贾午偷偷打听到韩寿是父亲幕府中的官员，就派贴身丫鬟（不知叫春香，还是叫红娘）悄悄找到韩寿，代为转达自己对他的相思。贾午的艳丽娇媚早为韩寿所知，现在听到自己被她苦苦相思，不由大为感动，就请丫鬟代为问候小姐。贾午得到意中人的温柔回复，不由得春心荡漾难以自抑，就拿出皇上赏赐给他老爸的金珠宝贝，精心选出一件让丫鬟送给韩寿，并约他当晚前来幽会。

夜深之后，韩寿越墙而入直奔贾午香阁密会佳人，偷尝禁果。从此以后，二人便经常夜间幽会，双宿双飞。

贾午自从和韩寿约会偷情以后，更加注意修饰打扮，而且每天眉飞色舞，贾府上下都感觉到了二小姐的变化，却都不知道什么原因。

一天，贾充又大宴宾客，韩寿也应邀赴宴，贾充及众人都闻到韩寿身上发出奇香之气。贾充对这种奇香非常敏感，因为他知道这种奇香发自西域不久前进贡给皇帝的一种香料，只要这种香料一触人体，其香经月不散，而且他也知道这种香料晋武帝只赏赐给了两个人：一个是陈骞，一个就是他自己，除贾、陈两家之外，宫外再无第三家有此香料。韩寿身上发出奇香说明他近期接触过这种香料，而韩寿作为一个小吏，怎么可能接触到西域进贡给皇帝的香料呢？贾充想到这里，突然有一种不祥的预感：小女贾午近日多有异常，莫非她与韩寿之间……贾充不敢再往下想。

贾充既然怀疑贾午与韩寿有私情，就开始暗中调查此事。他招来管家，声称近日京城盗贼横行，令管家查看府中院墙有无异常之处。管家带人巡查后，向贾充报告说："府里四周院墙没有损坏，只有后墙东北角处好像被人攀缘过。"贾充明白问题就出在这里，而贾午足不出户，要与韩寿有私情，肯定要身边的亲信丫鬟穿针引线，于是，贾充暗将贾午身边的贴身丫鬟招来严词审问，丫鬟见事已败露，只好将小姐与韩寿偷情的来龙去脉、前因后果和盘托出。

贾充恼怒之余，传贾午来见，贾午见事已至此，就向父亲表示："女儿今生只爱韩寿，这辈子非他不嫁！父亲若不能成全，情愿一死。"贾充见生米已经煮成熟饭，只好想法遮掩此事，又想到韩寿满腹经纶，一表人才，日后必定大有作为，女儿嫁给他，也不算委屈，就立即召集府中知情的丫鬟仆人，严令对小姐夜会韩寿一事守口如瓶，否则严惩不贷。然后，派一心腹幕僚去请韩寿来见，韩寿一见贾充就从容拜倒，说道："韩某与二小姐彼此倾慕，相知甚深，企盼大人成全。"贾充见韩寿冷静镇定，满面英气，不禁转怒为喜，顺水推舟说道："得婿如此，还有何憾！"

韩寿与贾午就这样偷香结缘，终成眷属，这当然是一个皆大欢喜、喜庆祥和的结局，但他们二人的故事并没有到此结束。虽然他们是一千七百年前现实版贾府的人，却和曹雪芹笔下虚构的贾府中的人物一样最终没有逃脱封建贵族家庭"一荣俱荣，一损俱损"的历史铁律。

致命的祸事出在贾午那个疯狂丑恶的姐姐、晋惠帝皇后贾南风身上。

贾后与惠帝共生了四个女儿，可惜没有儿子，于是，这个心胸狭窄、阴险毒辣的丑女人就把被立为皇太子的惠帝长子司马遹，即愍怀太子，当成了眼中钉、肉中刺，时刻想着要废了他。为了达到目的，贾南风曾诈称自己怀孕，并弄了些绢布塞到衣服里掩人耳目，临产时，她把妹妹贾午的儿子抱到宫中，当作自己新生，取名慰祖，企图用他来替代愍怀太子。

元康九年（299 年）十二月，贾南风诈称惠帝有病，要愍怀太子觐见。太子入宫后，贾南风故意避而不见，派人端来三升酒，以皇帝所赐为由让太子全部饮下。愍怀太子难违圣命，喝得大醉。贾南风又让黄门侍郎潘岳模仿着太子的口吻书写了一篇表文，然后按着酩酊大醉、神志不清的太子的手照样抄写一遍。表文曰："陛下宜自了，不自了，吾当入了之。中宫（贾后）又宜速自了，不自了，吾当手了之。已与谢妃（太子生母）约定同时发难，灭绝后患，立吾儿司马道文为王，蒋氏（太子妃妾）为皇后……"

紧接着，贾后以表文作为罪状让惠帝废掉了太子，将其囚禁起来，不久又暗中派人把太子害死。

"八王之乱"和太子被害引起朝野内外众情愤怒。贾南风的专制统治面临着前所未有的政治危机。

一直想废掉贾后取而代之的赵王司马伦（司马懿第九子，惠帝的叔祖父）见时机成熟，便秘密联络了梁王肜（司马懿第八子）和齐王冏（惠帝的堂弟）共同起兵。

永康元年四月三日深夜，赵王伦矫诏率兵入宫，他们先把惠帝挟持到东堂，然后下诏召贾谧（贾充的侄子，贾充死后由他因袭爵位）来见。贾谧刚到殿下，见情况有变，大喊："阿后救我！"话音刚落，脑袋就落了地。已经控制了后宫的赵王伦，派齐王冏入殿捉拿皇后贾南风。

贾南风见齐王冏黉夜入宫，知道大事不妙，惊问："你来此何事？""奉诏书收捕皇后！"齐王冏接声道。"诏书当从我手中发出，你奉的什么诏？"贾南风色厉内荏地问道。齐王冏不再睬她，将她押着出了后殿。贾南风在火光中隐约看见了惠帝的影子，就远远地喊道："陛下，您眼睁睁地看着自己的老婆让人家废了，到头来还不是废了陛下自己吗？"喊了一通见无济于事，就又问齐王冏："起事者是什么人？"齐王冏毫不避讳地回答："是赵王和梁王。"贾南风听了悔恨不已，恶声恶气地骂道："拴狗当拴颈，我反倒拴其尾，也是活该如此。只恨当年没先杀了这俩老狗，反被他们咬了一口。"走到宫西，看到贾谧的尸体，贾南风不禁高声号啕。哭声中透出了她的绝望。

随后，被废为庶人的贾南风先被幽禁在宫中，后又被囚禁于金墉城。几天后，贾南风被司马伦毒死在那里，包括贾午、韩寿在内的贾府一众人等被推上了断头台，曾经高朋满座、风光无限的贾府至此风流云散，家破人亡，销声匿迹，空留下历史老人深沉而悠远的一声叹息。

回乡岂为鲈鱼脍

西晋时期的张翰在历史上不是一个非常有名的人物，但他为了故乡的鲈鱼脍和莼菜羹而辞官归乡的故事却为人们所津津乐道，不时见于诗词散文之间。

张翰放弃仕途回家做老百姓真的是为了鲈鱼脍和莼菜羹？

鲈鱼是一种味道特别鲜美的鱼，以吴淞江所产最为有名，小学语文课本中便有"江上往来人，但爱鲈鱼美"的诗句。鲈鱼脍则是指鲈鱼所做的脔肉，也就是鲈鱼片。

莼菜也叫菁菜，是一种鲜美嫩滑的珍贵蔬菜，具有药食两用的保健作用，主要产于江苏、浙江两省的太湖流域。

张翰的家乡就在太湖流域的吴淞江畔，而且出身当地的世家大族，所以从小就经常吃到鲈鱼脍和莼菜羹，直到公元 301 年他应朝廷征召离开故乡到京城洛阳任职。

征召张翰进京的并不是当时的皇帝晋惠帝，因为这个皇帝是个十足的傻子，而是代替皇帝执掌国家大权的齐王司马冏。

司马冏是司马昭的孙子，父亲司马攸死后，他袭爵成为齐王。

在"八王之乱"期间，司马冏和赵王司马伦合伙废杀了荒淫无耻、阴险毒辣的皇后贾南风，但后来却受到了司马伦的排挤。等到司马伦篡位当了皇帝时，司马冏再也忍耐不住了，于是联络河间王司马颙、成都王司马颖等共同讨伐司马伦，迎惠帝复位，于是晋朝历史进入了短暂的齐王冏时代。

司马冏执政后，败家子、糊涂蛋的本色很快就暴露出来，他大兴土木，"北取五谷市，南开诸署，毁坏庐舍以百数"；醉生梦死，"凿千秋门墙以通西阁，后房施钟悬，前庭舞八佾，沈于酒色，不入朝见"；任人唯亲，封给手下的吮疮舐痔小人一等公爵，号曰"五公"，对他们言听计从；滥杀忠良，"主簿王豹屡有箴规，冏并不能用，遂奏豹杀之"，于是，"朝廷侧目，海内失望"，无论是公务员还是老百姓都对司马冏失去了信心，充满了不满。

司马冏可能是个喜欢附庸风雅、沽名钓誉之人，所以他才会征召名士张翰进京任职，并且将他安排在自己身边担任东曹掾，这个职位大体相当于现在的总理府秘书长。

张翰虽然纵情任性，放浪不羁，人称"江东步兵"，和爱翻青白眼的前辈阮籍有的一拼，却并非糊里糊涂，不谙世事。到京之后，张翰耳闻目睹司马冏的骄奢淫逸、暴行滥政，深刻地预感到一场新的暴风雨即将袭来，心中总是萦绕着对将来的忧虑。

一天，张翰遇到了同郡的顾荣，便对他说了这样一番话："天下纷纷，祸难未已。夫有四海之名者，求退良难。吾本山林间人，无望于时。子善以明防前，以智虑后。"顾荣深知其心，紧紧握着他的手，怆然答曰："吾亦与子采南山蕨，饮三江水耳。"于是，不久之后，在萧瑟的秋风吹起时，张翰"因思吴中莼菜羹、鲈鱼脍，曰：'人生贵得适意尔，何能羁宦数千里以要名爵！'遂命驾便归"。挥挥手写下了文化史上的一个传奇，悠悠然留下了一个千年不尽的"莼鲈之思。"

"莼鲈之思"当然只是个借口，张翰放弃功名利禄回乡为民是因为他不愿被卷入"八王之乱"的刀光剑影、腥风血雨，沦为皇族权力之争的牺牲品。南朝文学家刘义庆在撰写以记录名士风采而著称的《世说新语》时，没有把张翰因为莼鲈之思弃官回乡的故事归入"任诞类"，而是将其归入了"识鉴类"，应该也是因为这个原因。和张翰同时、同乡、同为名士，而且成就更大的陆机，也就是名著《文赋》的作者，就没有张翰这么淡泊、这么潇洒，而是抓住权力的缰绳不放，最终因为兵败，悲惨地被主子砍掉了脑袋。

陆机之死

谈起中国文学史，有一部书是无论如何绕不过去的，那就是文学史上第一部文艺评论巨著——《文赋》。《文赋》评古论今，汪洋恣肆，其"笼天地于形内，挫万物于笔端"之气魄堪称空前绝后，冠绝古今。

但是，《文赋》的作者陆机却并不为人所熟知，特别是他起伏跌宕、动人心魄，以大幸运开场，却以大悲剧收尾的传奇人生。

按照时下流行的说法，陆机是典型的官二代、名二代，实际上还不止于此，他还是官三代、名三代，因为他的父亲是东吴后期名将陆抗，他的爷爷是东吴四大水军都督之一，鼎鼎大名的陆逊。

陆机出生于261年，那时的陆家是钟鸣鼎食之家，诗书簪缨之族，比起《红楼梦》中的贾家只有过之而无不及。

陆机的父亲陆抗是东吴的大司马，领兵与魏国名将羊祜对抗，他们二人惺惺相惜，互不侵犯，在历史上留下了一段虽为敌人更是朋友的战争佳话。

陆机十四岁的时候，父亲陆抗不幸病逝，陆家虽然不再有昔日的烈火烹油、鲜花着锦之气派，但仍然是名门望族，士族大家，陆机依旧过着优哉游哉、吟风弄月的贵公子生活。

四年之后，"千寻铁锁沉江底，一片降幡出石头"，陆机的祖国东吴被北方的晋国灭亡，他便与小他一岁的弟弟陆云回到故乡吴县，就是现在的苏州，隐居起来，而且这一隐就是十年。

十年间，陆机兄弟闭门读书，好学不倦，学问越来越大，名气越来越响，但同时祖辈留下的财富在一大家子人的吃穿用度下却日渐捉襟见肘，入不敷出，最终，他们兄弟二人被迫走上了赴京求官的这条人生路。

晋武帝太康十年（289 年），陆机、陆云在京城洛阳拜访了时任太常（相当于文化部长）的著名学者张华。张华非常看重陆氏兄弟，自豪地对首都文化圈的朋友们说："伐吴之役，利获二俊。"这句话使得二陆名气大振，一下压倒了已经成名的张载三兄弟，于是，人们就开玩笑地说"二陆入洛，三张减价"，一时传为文坛佳话。

遗憾的是，佳话在京城传开时，悲剧的大幕也已经悄然开启。

特别欣赏陆机的张华虽然是文坛领袖，但当时在政治上已经靠边站了，任职的部门也是有名无权的清水衙门，而且张华为官廉正，两袖清风，所以既不能给陆机提供成为中央公务员的机会，也没有财力帮助陆机。无奈之下，为稻粱谋的陆机不得不投奔了如日中天、权势正盛的小国舅爷贾谧。

贾谧身边聚集了一批文人学士，历史上称为"二十四友"，除了陆机、陆云兄弟之外，还有以悼亡诗闻名的美男子潘岳，《三都赋》

的作者——"洛阳纸贵"的丑男左思，空前绝后的大富豪石崇，曾经和祖逖一起闻鸡起舞的刘琨等人。

后来，贾谧因为与姑母贾后一起合谋陷害太子被赵王司马伦杀死，"二十四友"便风流云散，各奔前程了。

赵王司马伦就是历史上有名的"八王之乱"中的一个王，他的老爹不是旁人，正是大名鼎鼎的司马懿。第二年三月，齐王司马冏联合成都王司马颖、河间王司马颙、长沙王司马乂起兵反对赵王司马伦，结果司马伦兵败身死，朝政大权落入齐王司马冏手中。

不久，河间王司马颙和长沙王司马乂联手做掉了齐王冏，然后两个人却又因为分赃不均打了起来，于是，成都王司马颖又被拉了进来，和河间王司马颙一起对付长沙王司马乂。

而这时，陆机正在司马颖手下担任平原内史。

虽然成都王司马颖是个和八王之乱中的其他王一样的大浑蛋，却也知道陆机的爷爷和老爸都是特别能打的主儿，于是，就把大获全胜的宝压在了陆机身上，而且把出征仪式搞得相当隆重而热烈，那真是锣鼓喧天，鞭炮齐鸣，红旗招展，官方资料《晋书》是这样记载的："列军自朝歌至于河桥,鼓声闻数百里,汉魏以来,师出之盛,未尝有也。"

陆机被成都王司马颖任命为后将军，河北大都督，手下有二十多万人马供他指挥，但陆机并没有志得意满、神采飞扬、不可一世的感觉，因为他知道他们老陆家已经弃武从文，不做将军好多年了。

古人曰，食君之禄，忠君之事，又道是，端人家碗受人家管，尽管陆机一点必胜的把握也没有，也只得硬着头皮率领大队人马南下迎敌。结果，陆机的军队在鹿苑被长沙王司马乂手下的兵将打得晕头转向，大败而回。

孤注一掷的赌徒成都王司马颖一看陆机不但没能"鞭敲金镫响，齐奏凯歌还"，还把他的赌本折得七零八落，一地鸡毛，心中那曾经莫大的期待一瞬间变成了无边的熊熊怒火。这时，和陆机素有积怨的宦官孟玖趁机落井下石，火上浇油，向司马颖进谗言说陆机背主通敌。愚蠢而暴虐的成都王司马颖闻听此言，刹那间成了烈焰滚滚、要把地球炸掉的汽油桶。

最终，陆机以通敌罪被成都王司马颖杀害，更惨烈的是，陆家被夷灭三族，他的两个儿子陆蔚、陆夏，两个弟弟陆云、陆耽同时遇害。

陆机临刑前，又一次想起了两千里外的江南——他魂牵梦萦、忧思难忘的故乡，想起了秋日晴空上轻盈飞过的鹤影，想起了那时而欢快、时而忧伤、时而激越、时而凄清的鹤鸣，不由无限悔恨、痛彻心扉地感叹道："华亭鹤唳，岂可复闻乎！"

绝代才子，于此绝矣。

东晋十六国

历史上唯一的张氏王朝

谈起中华民族的姓氏，人们总会提到这样一句话：张王李赵遍地流（刘）。毫无疑问，张是中国的一个大姓，但不知什么原因，五千多年的中华历史中张姓建立的王朝却寥寥无几，严格说来，东晋十六国时期的前凉是我国历史上唯一的张氏王朝。

三世纪到四世纪初期，西晋衰亡，东晋偏安东南一隅，在北方及西南的巴蜀地区，先后出现了十六个各民族建立的政权，属于汉族的有三个，前凉就是其中之一。

前凉王朝是十六国时期西晋凉州刺史、安定郡乌氏县（今甘肃平凉市）人张轨建立的。

张轨，字士彦，家世孝廉，以博学著称，深得朝廷中书监张华的器重，历任尚书郎、太子洗马、散骑常侍等职。291 年"八王之乱"开始，各州郡大都各自为政，张轨也想占据河西之地（今甘肃西部、新疆东部一带），于是就要求回家乡为官。301 年，晋惠帝拜张轨为凉州刺史，治姑臧（今甘肃武威市）。

张轨到任后，沿用当地有才干的凉州大姓，共同治理凉州。他劝农桑，立学校，并始终对西晋表示忠诚，以维系民心。他还多次击败入侵的鲜卑部族，保境安民，威震西土。

311年，洛阳被前赵将军刘曜攻克，随后刘曜又攻克了长安，中原和关中地区的很多百姓流入凉州，张轨在姑臧西北置武兴郡，又分西平郡（今青海西宁市）界置晋兴郡以收容流民，后又铸五铢钱，流通境内，多有建树。

西晋末年，各州郡都不再向西晋朝廷赋贡，唯有张轨贡献不绝。在汉将王弥、刘曜进攻洛阳、长安时，张轨还数次派兵勤王，后被朝廷迁升为侍中、太尉、凉州牧、西平郡公。

314年五月，张轨病死。张轨的亲信部下拥张轨的长子张寔继任了凉州牧之职。张寔在形式上向长安的晋愍帝司马邺做了汇报，晋朝廷很快给了答复，让张寔接替凉州刺史之职并领护羌将军、西平郡公。

在张轨、张寔相继执政的近二十年间，因为他们政治上比较开明，加之又远离中原战火，凉州是中国北方较为安定的地区，而前凉都城姑臧则成了西北地区政治、经济和文化的中心。

河西走廊原是通往西方的陆路交通要道，商业繁荣，农业和畜牧业生产也比较发达，西晋灭亡后，内地的流民相继到来，增加了劳动力并传播了先进的生产经验，使凉州的社会经济更加发展。当时的凉州还是中国北部保存汉族传统文化和接受西域文化最早的一个地区。

320年六月，张寔被部下阎沙所杀。按照父死子继的成规，该由他的长子张骏接替，但张骏当时还是一个十三岁的孩子，无法处理政务，只好又按兄终弟及的传统，由张寔的弟弟张茂继任凉州牧，执掌政权。

张茂在位期间，善纳谏，能断事。322年，他派将军韩璞攻克陇西、南安地区，设置了秦州。凉州大姓贾慕势倾西土，被他诱杀。

324年五月，张茂病死，因膝下无子，便将凉州牧之职又交回到张骏手中。

张骏和他的前辈一样，始终把晋朝看作是唯一的正统，把报效晋朝作为自己的神圣职责。尽管中原地区战火纷飞，与东晋取得联系比较困难，但张骏还是想方设法向东晋表示诚意。

张骏鉴于四川与东晋联系比较方便，便主动给占据四川的成汉国君李雄写信，劝李雄不要妄自尊大，赶快去掉帝号，向东晋称臣。他不管李雄是否采纳他的意见，还是继续派代表团去访问成都，目的就是假道四川尽快效忠东晋。但是任凭张骏好话说尽，李雄就是不答应。转眼过去九年，333年，张骏实在等不下去了，只好放下架子以向李雄称臣作为条件，派使者假道成汉去建康。李雄表面上同意了，但暗中准备将前凉派往建康的使臣张淳沉入江中杀死，由于张淳事先得到消息，义正词严地把李雄说了一通，才算得到了通行证，与东晋正式取得了联系。

张骏善于用人，又勤于政事，在他的治理下，河西地区民富兵强，成为战火纷飞的中国北方少有的繁荣地区，远近的百姓渐渐地把他当成一位贤明国君，称他为"积贤王"。张骏也有意向外炫耀一下，

335 年，他派大臣扬宣出兵龟兹、鄯善，这两个小国都有自知之明，料到不是前凉的对手，都乖乖地向前凉朝贡，西域的一些小国家见状，也争先恐后地向前凉朝贡。

有了实力的张骏为了显示自己的威仪，在姑臧城南建造了五座宫殿。他们分别是宜阳青殿、朱阳赤殿、政刑白殿、玄武黑殿和谦光殿。谦光殿居中，其他四个殿在四周，四个殿分别装饰成青、红、白、黑四种颜色（古代用青、红、白、黑代表东、南、西、北四个方向），一年四季，张骏轮流到四座宫殿居住。345 年，张骏自称大都督、大将军、假凉王，开始设置祭酒、朗中、大夫、舍人、谒者等官职，其名称大都仿效东晋。

346 年五月，张骏病死，他的次子、十六岁的张重华继任凉州牧、假凉王。

张重华为人沉默寡言，宽和持重，即位后对内减轻赋税，停建御用花园，对外派使者修好于后赵，似乎很想有所作为。不过，他的命运不佳，刚刚继位不久，就屡次遭到后赵的袭击，搞得人心惶惶。司马张耽出主意对张重华说："国家存亡在于兵，而兵以将为主。现在大臣们推荐将领，都选自己的亲朋故旧，而且大都不能带兵打仗。现在，大敌当前，诸将不能迎战，这怎么能行呢？我看主簿谢艾文武双全，善于用兵，要是让他统兵，必定可以杀退敌寇。"张重华于是就把谢艾召到跟前，向他询问抗敌方案。谢艾不卑不亢，侃侃而谈，最后很有信心地说："只要给我七八千人，打不败后赵拿我是问！"张重华当即封谢艾为中坚将军。

谢艾说到做到，很快就把后赵军队打败。张重华接到捷报，脸上的愁云一扫而光，将谢艾封为福禄伯。后赵国君石虎不服输，第二年，又派出几万大军来报复张重华，结果又被谢艾打得一败涂地。

战场上的胜利，使张重华变得骄傲起来，349 年他开始自称凉王，丞相，雍、秦、凉三州牧。张重华陶醉在别人给的或者自己封的这些不伦不类的称号之中，渐渐地厌烦了政务，整天与宠臣下棋为乐，玩得高兴时就赐给宠臣许多钱帛。征事索振实在看不下去，就给他提意见说："先王勤俭节约，国库充实。殿下即位之初便遇后赵入侵，是靠了对官兵的重赏才挫败了强敌。现在国库已经空虚，强寇随时都会向我们进攻，一旦打起仗来，我们用什么赏赐官兵？"索振说到这里停了下来，见张重华沉默不语地在听，便接着说："汉光武帝刘秀日理万机，当天的事情当天处理，所以才能使汉室振兴，如今，下面呈上来的奏章你拖了几个月还没处理，使上传下达的道路堵塞，冤假错案得不到处理，这难道是圣君应该做的吗"？张重华听索振把话说完，不但没有责备他，反而对他的直言表示感谢。从此，张重华放弃了整日下棋的习惯，改变了对宠臣大手大脚赏赐的做法，处理政务也认真及时起来，国库开始逐渐充实。

但是，国库一旦充实，张重华就又不甘寂寞了。

353 年二月，张重华派张弘、宋修、王擢三位将军带兵向前秦开战。但张重华没想到，龙黎一战，前凉军队被打得丢盔弃甲，一万两千名官兵死在了战场，张弘、宋修被俘，王擢扔掉秦州跑回姑臧，上邽也被前秦占领。这次惨败把张重华气得暴跳如雷，发誓不打败前秦就不活在世上。同年五月，张重华再次派王擢带两万官兵袭击上邽，由于得到了秦州一些郡县的支持，王擢一举夺回了上邽。张重华被这次胜利冲昏了头脑，认为前秦不是他的对手，于是上书东晋穆帝司马聃，请求伐秦，但还没等到东晋答复，张重华就染病在身，于同年十一月死去。

张骏、张重华父子统治的三十年间，是前凉的鼎盛时期，他们分凉州设置了凉、沙、河三州，设西域长史于海头，在今新疆吐鲁番地区设置了高昌郡。其疆域有今甘肃中西部、新疆东部、宁夏西部广大地区。

张重华死后，张氏宗族内乱不断，凉州大姓也起兵反叛，十几年争权夺利的斗争使前凉国势大衰。

353年十月，张重华病重时，立十岁的儿子张曜灵为太子。消息传出后，张重华同父异母的大哥张祚极为不满。但张祚城府很深，表面上看不出他不满的情绪，而暗地里却与张重华的亲信大臣赵长、尉缉频繁来往并结为兄弟，密谋待张重华死后废掉张曜灵。十一月，张重华病死，张曜灵继位。赵长等人假称张重华有遗嘱，把张祚拥立为都督中外诸军事、抚军大将军。过了几天，赵长等人给张重华的母亲马太后送去一份报告说："现在政局不稳，曜灵太小，无法收拾局面，请立张祚为凉王。"马太后是张骏的第二个夫人，很受张骏宠爱并为张骏生下张重华。张骏死后，马太后受不了长期守寡的煎熬，于是私通长宁侯张祚。从名分上讲，马太后是张祚的母亲，只不过不是亲生的而已。张祚野心勃勃，想借马太后的势力操纵前凉大权。

十二月的一天，张祚来到马太后居住的永寿宫，和马太后温存了一番后，提出让她废掉张曜灵。马太后心里很清楚，要想长久地把持朝政，让张祚掌权对自己更为有利，于是满口答应，当天就废掉了张曜灵，立张祚为凉州牧。次年一月，张祚称凉王，改元和平，并不再沿用晋朝年号，开始采用皇帝礼乐。张祚取得王位之初，对马太后还是言听计从的，但没过多久就一脚踢开了她，还把她的儿媳妇、女儿以及张骏后宫的女子全部奸淫。马氏虽然很生气，但手中无权，对张祚也没有办法。在受到张祚的冷落后，马太后又把大臣张邕拉入怀中。

张祚深知自己的王位来得很不光彩，因此生怕别人对他说三道四，更怕别人对他的王位有非分之想。他刚一即位，便派人去酒泉杀害了谢艾，可惜一代名将谢艾竟成了宫廷斗争的牺牲品。

第二年，即 355 年，张祚又怕河州刺史张瓘兄弟势力太强，便让他的亲信张掖太守索孚到和州取代他们，张瓘很想得通，对此抱着无所谓的态度，十分痛快地答应交出兵权并按张祚的要求离开枹罕（今甘肃临夏市）带兵去攻打反对前凉的胡人。

其实，张祚让张瓘讨伐胡人是幌子，目的是让张瓘离开枹罕。随后，张祚让易揣、张玲二将带一万两千人去袭击张瓘。张掖人王鸾听到张祚要袭击张瓘的消息，便找到张祚劝他说："张瓘勇猛，善于用兵，你派军队去打他，必定回不来，看来凉国是危险了。"接着又指出张祚淫虐无道的罪行，让他收敛。张祚听着听着，恼羞成怒，喝令卫兵把他拉出去杀掉，王鸾在去刑场的路上大骂张祚："张祚！你这个淫棍，我死以后，你也活不了多久，不信你走着瞧吧！"

正像王鸾说的那样，张瓘听到张祚派兵来袭的消息，立刻杀掉了索孚，并传檄各州郡废掉张祚，拥立张曜灵复位。然后调动兵马迎击易揣、张玲，把他们打得狼狈地逃回姑臧。

这年八月，骁骑将军宋混的弟弟宋澄因大哥宋修与张祚有矛盾，料到张祚早晚要对他们下毒手，便联合了一万多人响应张瓘。张祚见自己落到了众叛亲离的地步，只好把气发泄在张曜灵身上，他命令扬秋胡把张曜灵活活拉杀，胡乱埋到一个坑里。

不久，宋混大军到了姑臧城下，张祚想把在城内的张瓘的弟弟张据和儿子张嵩抓起来杀掉，但还没动手，张据和张嵩就已经把城门打开，宋混大军开进城内。这时的张祚还提着宝剑站在殿上命令士兵迎战，士兵们平时在张祚那里没得到过任何好处，关键时刻谁也不愿意为他卖命，很快张祚就被宋混的士兵杀死。百姓们听说张祚被杀，无不拍手称快。

张祚死后，张瓘、宋混、张据拥立张重华六岁的小儿子张玄靓为凉王。说是凉王，年幼的张玄靓除了看到刀光剑影觉得好玩，看到血流成河感到害怕之外，对国家大事什么也不知道。大权落到了讨伐张祚有功的张瓘手中，张瓘自任都督中外诸军事、尚书令、凉州牧、张掖郡公。

张瓘喜欢猜忌他人，而且还爱根据自己的爱憎进行赏赐、惩罚，因此许多人对他极为不满。郎中殷郁劝谏他，张瓘勃然大怒，说"老虎出生三天就知道吃肉，何须别人教它"，差点把殷郇气死。

宋混为人刚直不阿，自然成了张灌的眼中钉。359 年九月，张灌想杀死宋混兄弟，废掉张玄靓，自己当凉王。不料走漏消息，反被宋混先下手把他打败，张灌、张据兄弟俩自杀，之后，宋混又杀了张灌的全族。经过这一场内部斗争，已经十岁的张玄靓似乎懂了许多，他给宋混增加了不少头衔，拜宋混为都督中外诸军事、骠骑将军、酒泉郡公，负责管理朝政。宋混让张玄靓去掉凉王称号向晋称臣，张玄靓便称凉州牧。

两年后，宋混病重，张玄靓同祖母马太后亲自到宋混家中探望。张玄靓见宋混病得很重，哭着对宋混说："将军万一不幸去世，留下我们孤儿寡母怎么办呢？我想让你的儿子林宗代管朝政，不知你意如何"？宋混气喘吁吁地说："林宗年纪太小，不能胜任。如果你不嫌弃我们宋家的话，可以让我弟弟宋澄代管朝政，他比我有能力。"

宋混死后，张玄靓拜宋澄为领军将军，管理朝政，但好景不长，361 年，大司马张邕起兵杀死了宋澄，同时也灭掉了宋氏一族。张玄靓对张邕滥杀大臣极为不满，但苦于手中没有兵权，只好忍气吞声，封张邕为中护军，让他同叔父、时任中领军的张天锡共同辅政，名义上是两人共同辅政，但张邕小人得志，大树私党，实际上是张邕专权。

十六岁的张天锡是张重华的小弟，他对张邕独揽大权自然不满，于是就和亲信张肃、赵白驹密谋杀掉张邕，夺回权力。这年十一月，张天锡同张邕一起去朝见，走在后面的张肃猛地举起刀向张邕砍去，但没有砍中，赵白驹又上去补了一刀也没砍中，只好和张天锡一起跑到宫中。

张邕脱身后，马上带着三百多名士兵攻打宫门。张天锡十分镇静地站在房顶上对下面的士兵喊话："张邕狼子野心，杀了宋氏全族还不过瘾，现在又想杀我。你们都是前凉的忠臣，千万不要上了张邕的当！我现在只杀张邕一人，其他的人一概不问。"听了这话，张邕手下的士兵立即四散跑光，张邕见状只好自杀。张天锡则冠以大将军，都督中外诸军事辅政。363年八月，张天锡派张肃深夜带兵入宫杀掉张玄靓，自称大将军、凉州牧、西平公。

张天锡掌权后，整天沉溺于酒色之中，连应该按时看望母亲的时间都忘掉了，更谈不上处理政务了。他的堂弟张宪带着棺材去劝谏他，张天锡根本不听，还是我行我素。

张天锡就这样稀里糊涂地过了十年。

376年七月，前秦步骑十三万大举伐凉。张天锡召集群臣商议对策，禁中录事席仚首先发言说："你把你的儿子送到前秦去当人质，再给前秦君主多送些金银财宝，让他们暂时撤兵，我们再慢慢想办法，这叫以屈求伸。"席仚的话还没说完，就遭到其他大臣的激烈反对，他们愤怒地说："我们世世代代以忠于晋朝而闻名，如今一旦委身事秦，就会使祖宗受到侮辱。况且，河西天险百年没有灾难，如果出动全国的军队，再求西域帮一下忙，怎么就知道不能打胜仗呢！"

张天锡在大臣们高昂的情绪感染下，胆子一下子壮了起来，将起袖子，大声说："我的决心已定，谁敢说投降，格杀勿论。"并把前秦派来劝降的使者阎负、梁殊吊在军门上，下令士兵用箭把他们射死。

前秦将领王统、李辩、梁熙听到这一消息，立即向前凉发起猛烈进攻。前凉的军队不堪一击，几次出击都被打败。张天锡不得不亲自出城迎战，这时，城内又发生叛乱，张天锡只得又跑回去平息叛乱，前秦军队也紧跟着张天锡来到城下。张天锡走投无路，出城投降。

前凉王朝自 301 年西晋朝廷拜张轨为凉州刺史至前凉末主张天锡投降前秦共九主七十六年。除威王张祚称凉王、改年号为和平、不用晋朝年号外，其余前后各主虽各有年号，但一直自称是晋的凉州刺史或凉州牧，沿用西晋年号。他们虽然名义上自称晋臣，实际上自张轨以来早就成为了一个独立王国。

整个东晋十六国时期，前凉是中国北方较为安定的地区，还是中国北部保存汉族传统文化和接受西域文化最早的一个地区，而都城姑臧又是西北地区政治、经济和文化的中心，因此可以说张姓的前凉王朝为这个时期中华文化的发展做出了重要的不可磨灭的贡献。

纵览前凉八十年的风云变幻，荣辱兴衰，不由得让人想起明代文学家杨慎题在《三国演义》篇头的那首《临江仙》：

滚滚长江东逝水，

浪花淘尽英雄。

是非成败转头空。

青山依旧在，

几度夕阳红。

白发渔樵江渚上，

惯看秋月春风。

一壶浊酒喜相逢。

古今多少事，

都付笑谈中。

六朝太后褚蒜子

卜算子是一个著名的词牌，在这个词牌下有六首非常优秀的词作，作者分别是苏轼、王观、李之仪、陆游、严蕊、毛泽东；褚蒜子是一个不著名的历史人物，但是她却足足辅助拥立过六个皇帝，是一位经历过六朝风云变幻的皇太后级人物，那么，哪些皇帝是在她的助力下登上皇位的呢？她为什么有这么大的能量呢？她又是怎样的一个女性呢？

东晋开国皇帝司马睿驾崩的第二年，即 324 年，褚蒜子出生在江南一个世代官宦的家庭，她的父亲是当时的名士褚裒，素有简傲高贵之风，为时人所仰慕，母亲则出身于大名鼎鼎的谢氏家族，乃名士兼名相谢安的堂姐。褚蒜子天生丽质，秀外慧中，又深受诗书之家的文化熏陶，十多岁时已经出落成了一个亭亭玉立、落落大方的名门闺秀，正巧这时晋成帝要给弟弟琅琊王司马岳从高门望族家的女孩中选个王妃，于是芳名远播的褚蒜子成功入选，开始了她长达半个世纪的后妃生涯。

342 年，晋成帝英年早逝，两个儿子司马丕和司马奕一个犹自嗷嗷待哺，一个刚刚呱呱坠地，都不适合继位为君。在这种情况下，琅琊王司马岳被推上了皇帝宝座，历史上称为晋康帝，褚蒜子顺理成章地从王妃升格为皇后。晋康帝是幸运的，却又是不幸的，因为他二十岁登基，二十二岁就匆匆离世了，留下了无限悲伤的褚蒜子和只有一岁的儿子司马聃。

褚蒜子当时年仅二十岁，却不得不鼓足勇气去面对丈夫身后的纷繁国事。她在文武群臣的拥戴下，抱着襁褓之中的儿子一步一步登上了金銮殿的最高处，从那一刻起，她成了临朝摄政、天下至尊的皇太后。

褚太后听政期间，趁着北方后赵衰亡中原大乱，先后两次北伐，意图恢复故土，可惜都因为缺乏良将没有成功。在北伐的过程中，一代名将桓温崭露头角，渐显峥嵘。永和十年，即354年，也就是王羲之写出《兰亭集序》的第二年，已经出任太尉的桓温西征割据四川的成汉，统一了秦岭以南的中国，接着又北伐关中，大败前秦，收复了旧都洛阳，大大扩展了东晋王朝的版图。

永和十三年，晋穆帝司马聃行了象征着成年的加冠礼，可以自己处理国家大事了，褚太后下诏勉励群臣"努力一心，辅助幼主，匡救往日不足"，然后归政身退，安心在崇德宫休养生息，"以终晚年"。

然而，天不遂人愿，四年后，还没过十七周岁生日的晋穆帝不幸病逝，褚蒜子失去了她唯一的儿子，也是她唯一的孩子。在早年丧夫之后，又遭遇了白发人送黑发人，褚蒜子伤有多深，心有多痛，可想而知，她虽然贵为皇太后，但这个特殊地位却只能加深她的痛苦，因为高处不胜寒……

既然晋康帝晋穆帝这一脉断了后，皇位便又回到了晋成帝这一支身下，成帝的长子琅琊王司马丕继位称帝，司马丕的生母是个妃子，而非皇后，所以褚蒜子仍然被尊为皇太后。

司马丕是个长生不老药的超级粉丝，他按照道士的安排长期服用他们炼制的丹药，可结果事与愿违，不但没有得以长生，还年纪轻轻就送了性命，原因是服药过量引起了中毒。早在司马丕身体出现异常时，褚太后已经再次出山临朝称制了，皇帝离世后，褚太后肩上又多了一副扶立新君的重担。司马丕一奶同胞的弟弟司马奕是皇位的最佳人选，在褚太后和权臣桓温的支持下，司马奕成了东晋王朝的第七位皇帝。尽管司马奕当时已经二十三岁了，但他刚刚即位，对处理政务还不熟悉，所以褚太后仍然要为国事操劳。

权臣桓温第三次北伐遭遇败绩后，已经步入晚年的他不得不放弃流芳百世的梦想，转而开始追求遗臭万年的"伟业"，因为他认为大丈夫不能流芳百世，就要遗臭万年。桓温想通过废立皇帝之举来试试政治风头，为将来篡夺帝位做一下准备。但是面对循规蹈矩、做事谨慎的司马奕，桓温却犯了难，因为他实在找不出废掉对方的借口，特别是找不到让受人敬重的褚太后无话可说的借口。

终于，在司马奕坐上皇位的第七个年头，桓温获得了一个至宝般的情报——皇帝司马奕和相龙、计好、朱灵宝等宫廷内侍关系特别亲密。于是，桓温抓住这个小辫子不放，在朝野内外大肆传播这样的宫廷秽闻——当朝皇帝有断袖之癖、龙阳之好，并且阳痿不能生育子嗣，后宫所生三子可能并非皇帝亲生。随后，桓温赶到都城建康向褚太后上表要求废掉行为不检、秽乱宫廷的司马奕，另立新君。褚太后当时正在宫内烧香拜佛，看了奏章的前几行自言自语道："我早就想到要发生这样的事儿了。"读到一半时，她不想再看下去了，让人拿过一支笔，用颤动的双手批复如下："我遭此百忧，感念生者与死者，心如刀割。"心虚的桓温在等待结果时担心褚太后会提出异议，紧张得汗流浃背，看到褚太后没有表示反对，这才转忧为喜。

在褚太后无奈的默许下，桓温废掉了司马奕，把五十二岁的司马昱安排在了皇帝宝座上。司马昱在历史上被称为简文帝，他是晋元帝司马睿最小的儿子，按辈分褚蒜子应该叫他老叔，但德高望重的褚蒜子仍然被尊称为太后。

司马昱虽然在即位前曾经和桓温亲密合作，实际上他对桓温专权也非常不满，成为皇帝后这种感觉变得更加强烈。他一方面费尽心思跟桓温周旋，一方面暗中引导谢安和王坦之抗衡桓温。就在他的策略初见成效时，自己却因为忧愤国事病倒了，而且一病不起，不幸辞世。

十岁的太子司马曜被拥立为新皇帝，褚太后在文武群臣的请求下第三次临朝听政。第二年，权臣桓温病死，东晋朝堂上终于恢复了君臣谐和的大好局面。又过了三年，行了加冠礼的孝武帝司马曜开始亲政，并不恋栈的褚太后再一次退居二线，放心地回到后宫礼佛，这一年，历经六朝风云变幻的褚蒜子已经五十二岁，她现在真的可以好好地"以终晚年"了。

在谢安和王坦之等的忠心辅佐下，东晋的国力逐渐提升，百姓生活日益改善，而且凭借幸运和实力在淝水之战中击败了大举进犯的前秦皇帝苻坚，使得北方的游牧民族再也不敢觊觎江南的广大领土。捷报传来，谢安兴奋得在入室写奏章时把木屐底上的屐齿都碰断了，身历六朝的褚太后心情如何激动我们应该能够体会得到。

君臣和谐了，百姓安乐了，国势稳定了，褚太后心上那根关心国事的弦自然不再那么紧绷着了，对身体可能也就没有过去那么注意了，没想到可恶的疾病竟在此时乘虚而入，缠上了年近花甲的褚太后。

384年，先后辅助了晋康帝、晋穆帝、晋哀帝（司马丕）、海西公（司马奕）、简文帝、孝武帝六位皇帝的六十岁的老太后褚蒜子于都城建康的显阳殿不幸病逝，六朝太后的历史传奇在石头城的月色下、秦淮河的涛声中庄严而隆重地合上了最后一页，留给后人无限的追思和无尽的遐想……

陶渊明的儿子不"成器"

　　中国文学史上有着不少"龙生龙,凤生凤"的文坛佳话,比如"三曹"(曹操与他的儿子曹丕、曹植),"三苏"(苏洵与他的儿子苏轼、苏辙),南唐二主(中主李璟与他的儿子后主李煜),大小晏(晏殊与他的儿子晏几道)。但实际上生下不肖子孙的大文人更多,东晋大诗人、《桃花源记》的作者陶渊明就是一个典型的例子,而且他还特意为此写过一首诗。

　　陶渊明生活在一千六百多年前,那时候没有计划生育政策,所以,他的老婆先后给他生下了五个儿子。虽说养儿防老,多子多福,可是,家境本不富裕的陶大诗人看着眼前这几个足够"吃死老子"的"半大小子",心里像打翻了五味瓶,着实不是个滋味——现在还能勉强维持个温饱,将来拿什么给儿子们盖房子、娶媳妇呀!"采菊东篱下,悠然见南山"那样的诗句固然美,可是当不得饭吃,当不得衣穿,当不得房住啊!

　　其实,还有一个事更让陶渊明心烦,那就是,这五个儿子好像都不太喜欢读书写字,才高八斗、学富五车的陶诗人郁闷得不得了,要是那时候有免费的 DNA 亲子鉴定技术，说不定他会拉着最笨的那个儿子去抽血验亲。

陶渊明的大儿子名叫陶舒，此子名如其人，生来懒惰，松弛舒逸，不爱学习；老二陶宣比哥哥小一岁，在学习上却如出一炉，眼看到了"志学"的年龄（孔子曰"吾十有五而有志于学"），依旧对读书作文提不起什么兴趣；老三陶雍和老四陶端同龄，应该是双胞胎，幼时曾经给陶渊明带来许多快乐，可是后来却越长越让老爸发愁，十三岁了连个加减法都搞不定；陶渊明不得不把厚望寄托在小儿子陶通身上，可最后收获的仍然是失望，人家孔融四岁就知道让梨，阿通都九岁了，却只知道吃梨。

关于陶渊明五个儿子的情况，并非出自道听途说或者逸闻野史，而是来自他的诗作《责子》，当时已经年过半百的陶诗人是以自嘲而无奈的语气写下这首诗的——

白发被两鬓，肌肤不复实。

虽有五男儿，总不好纸笔。

阿舒已二八，懒惰故无匹。

阿宣行志学，而不爱文术。

雍端年十三，不识六与七。

通子垂九龄，但觅梨与栗。

天运苟如此，且进杯中物。

陶渊明虽然因为五个儿子没有一个继承了他的智商而有些不爽，但他其实也并不非常难过，因为他知道"不好纸笔"的儿子们将来会像现在的他一样"晨兴理荒秽，戴月荷锄归"，而不会如往年的他那般"误入尘网中，一去三十年"，当然也就不会"为五斗米而向乡里小儿折腰"，这样，即使儿子们没有"采菊东篱下，悠然见南山"的雅兴，"此中有真意，欲辩已忘言"的感受，他也可以放心地在百年之后"挥手自兹去"，"托体同山阿"了。

事实上，儿子们不聪明和陶渊明的饮酒过度应该有着一定的关系，你看他在怀着忧愁写下的《责子》诗的最后还没忘了"且进杯中物"呢……

淝水之战不只是一场战争（上）

383 年，北方的前秦皇帝苻坚大举入侵南方的东晋帝国，东晋名相谢安运筹帷幄之中，名将谢玄决胜千里之外，在淝水一带打了一个漂亮仗、翻身仗、救命仗，这就是历史上有名的淝水之战。

关于淝水之战的意义，我们一般是这样解读的：这是一次以少胜多、以弱胜强的经典战役，它让作为正统的东晋政权得以多延续了几十年的统治，同时使前秦帝国四分五裂，土崩瓦解。

其实，淝水之战还有另一层重要的意义——它是十六国（实际上远不止十六个国家）前半期和后半期的分界线。淝水之战前的十六国是一个分久必合的历史进程，至少涉及七个国家、六个民族。

"乱七八糟"是大家非常熟悉的一个成语，其中，"乱七"是指西汉初期的七国之乱，"八糟"则指西晋时期的八王之乱。八王之乱导致立国不足三十年的西晋元气大伤，于是，从塞外草原进入西晋境内的匈奴、鲜卑、羯、氐、羌等马背上的民族见机而动，纷纷建立起自己的小朝廷，和晋王朝分庭抗礼，意欲夺取天下。

最先起事的是巴氐人李特。李特为首的巴氐流民不堪忍受西晋政府的残暴统治，于301年在今四川北部树起起义大旗，和晋朝军队展开了你死我活的斗争。李特战死后，他的儿子李雄率兵攻占成都，建立了成汉政权。李雄是十六国时期第一个英明君主，在他的治理下，蜀地百废俱兴，民富国强。可惜的是，李雄在334年病逝后，成汉内讧不断，国势渐衰，最后被东晋攻灭。

成汉是十六国中唯一一个位于南方的国家，北方诸国中年代最早的是匈奴人建立的汉政权。304年，匈奴人刘渊趁着八王之乱激战正酣的时候，在现在的山西南部称帝建国，因为他自称是当年与匈奴和亲的汉朝公主的后代，就把"汉"作为自己小朝廷的国号，以便收拢人心，发展势力。刘渊没几年就病死了，他的儿子刘聪最终继承了帝位，这个家伙的残暴好色简直是空前的，但他拥有能征惯战的名将石勒，正是凭着石勒的东征西讨，匈奴人终于在317年灭掉了西晋王朝。

刘聪死后，他的儿子和他留下的五个皇后乱伦，结果惹怒了五个准岳父中的一个，导致刘氏皇族几乎被杀戮殆尽。大将石勒和刘曜前来勤王，平定叛乱后各自掌握了匈奴汉国的一半权力，于是，刘渊建立的汉国被一分为二，西面的叫前赵，国君是刘曜，东面的叫后赵，国君是石勒。如果说石勒是一只猛虎，刘曜顶多只能是一头黔之驴，开始时还能折腾几下子，几年后就只有被收拾的份儿了，329年，石勒杀死刘曜父子，完全占据了黄河中下游地区。

石勒出身于羯族奴隶，他走向成功的历程恰好是一部从奴隶到皇帝的励志片，正是因为自己早年悲惨曲折的经历，石勒做了皇帝后懂得体恤民情，爱惜民力，给老百姓带来了十五年的好时光。石勒既有卓绝的奋斗史，又有卓越的文治武功，而且做到了善始善终，堪称十六国时期最了不起的君主。

前赵后赵两国攻城略地的时候，隔断了西北的凉州（今甘肃中西部）和东北的平州（现在的辽宁）跟偏安江南的东晋政权的联系，这两个地方名义上仍然是晋帝国的领土，实际上已经成了割据一方的小朝廷。

凉州的张氏政权历史上称为前凉，是一个汉族建立的政权，创始人是西晋末年的凉州刺史张轨，前凉政权占据河西六七十年，是十六国中存在时间最长的国家。前凉在文王张骏统治时期达到全盛，西域各国都来进贡朝拜，一时蔚为盛事。和成汉政权一样，前凉也是十六国时期相对安定的国家，这样的社会环境为汉族传统文化的保护和发展做出了不可磨灭的贡献。

东北的平州当时控制在鲜卑族的慕容家族手中，这个家族就是大家熟悉的《天龙八部》中慕容复的先人。337年，慕容皝在平定了内部的分裂势力后，自立为燕王，历史上把他的这个政权称为前燕。十六国时期有五个以燕命名的政权，分别是前燕、后燕、西燕、南燕、北燕，而且几乎都是慕容家族创建的，这应该就是慕容复始终醉心于恢复大燕的原因所在。

石勒做到了善始善终，他建立的后赵政权却没能善始善终，而且还导致了羯族这个民族的灭亡，这一切都应归咎于石勒的侄子暴君石虎。石虎的残暴和好色比起前面的刘聪绝对是有过之而无不及，也绝对是自取灭亡的节奏，他死后不到一年，后赵政权就在兄弟争杀的血色中落到了他的干孙子冉闵手里，冉闵掌权后立刻废掉后赵，建立了自己的魏政权，大概是冉闵和他的老爹在给胡人当干儿子干孙子时太压抑了，所以，他称帝后发布了残酷的"杀胡令"，结果几十万胡人被杀，受创最重的羯族亡族灭种。

后赵政权（包括冉魏政权）的内讧给了两个人可乘之机，一个是东北的前燕国王慕容俊，他最终指挥鲜卑铁骑一路南下，挺进中原，打垮冉闵，成了北方的新霸主，另一个是氐族人苻健，他遵照父亲苻洪遗命挥师入关，占据关中，在那里建立了前秦政权。

淝水之战中战败的一方苻坚是前秦的第三个皇帝，虽然他在淝水一战中走了麦城，在此之前他可是一直凯歌高唱，从没吃过败仗。为什么苻坚在淝水会被东晋军队打得草木皆兵、风声鹤唳呢？除了骄傲轻敌、军心不齐、朱序倒戈等老生常谈的原因外，还有一个原因，那就是他身边没有了四世纪的诸葛亮——政治家王猛。

诸葛亮是刘备三顾茅庐请来的，王猛却是自己送上门的，他以"扪虱谈天下"的名士风采和高瞻远瞩的政治见解征服了前秦皇帝苻坚，从此君臣二人鱼水相得，亲密合作，共谋前秦的发展强大。在王猛的辅佐下，苻坚先攻灭了东边的前燕，接着拿下了西面的前凉，后来又占领了西南的巴蜀地区，至此，十六国涉及的地盘已经被苻坚完全统一在前秦的旗帜之下。

可惜的是，大业尚未成功，王猛中途病逝。王猛去世后，苻坚的事业就开始走下坡路了，直到在淝水之战中损兵折将，一败涂地，继而国势骤衰，叛乱四起，最终自己也在被俘后被后秦的姚苌缢死。

淝水之战不只是一场战争（下）

　　淝水之战后，十六国历史进入了超级大分裂的时期，在短短的三年内，从前秦政权分裂出了六个小朝廷，按照先后顺序分别是：后燕、西燕、后秦、西秦、后凉和北魏，中国进入了八国并立的特殊时代。

　　后燕是由前燕贵族慕容垂创建的，占有今河北、山东、辽宁等地，慕容垂是个不错的皇帝，后燕的国势在他的统治下日渐强盛起来。西燕是另一个前燕贵族慕容泓建立的，先在关中围攻前秦都城长安，后来转战到山西南部，再后来被后燕所灭。在此笔者披露一个爆炸性的旧闻——西燕的第二个皇帝慕容冲当年曾经被迫和姐姐一起服侍过前秦皇帝苻坚，也就是说，苻坚和很多西汉皇帝一样是个双性恋。

　　后秦建立者羌族人姚苌在立国后不久攻占了前秦都城长安，然后迅速发展势力，攻占了陕西、山西、河南的大部分地区，成为黄河中游的一个强国，先后灭掉了前秦和后凉。西秦也是鲜卑人建立的，国王的名字四个字，叫乞伏国仁，其领土主要在今甘肃南部，这个小政权的独特之处在于它中间在后秦的攻打下曾经亡国将近十年，后来趁着后秦内忧外患又恢复了。

后凉的建立者是前秦大将吕光，他远征西域胜利归来到达凉州时，恰逢前秦国内大乱，割据四起，从凉州回长安的道路被西秦阻断，吕光不得不把大军驻扎在凉州，后来，苻坚死讯传来，吕光才自立为君。北魏当时是一个小而弱的国家，位于现在的内蒙古河套地区，第一任君主拓跋珪自知国小力弱，不得不依附同是鲜卑人的后燕以便获得保护，同时他也并没有自暴自弃，而是像越王勾践那样一直在为富国强兵而努力。

西燕被同族同姓的后燕攻灭后，中国境内由并立的八国变成了七国。几年后，前秦灭亡，又变成了六国。再过几年，又升级成了八国并立状态，因为从后凉分裂出了南凉和北凉两个小国家，南凉的第一任国王有一个非常奇怪的姓——秃发，名字也奇怪叫乌孤，原来是鲜卑族的一个酋长；北凉的国王是匈奴人，以沮渠为姓，这是曾经叱咤漠北数百年的匈奴人在中国历史上倒数第二次的疯狂。

北凉本来已经是一个很小的国家，后来却又分裂出一个西凉国，这个国家的第一任君主名叫李暠，汉族人，李暠在历史上不算有名，他的后人那可是如雷贯耳，大名鼎鼎，谁呢？唐太宗李世民，也就是说，中国历史上最强大的唐朝是李暠的后代创建的。李暠本人也是一个了不起的国君，他凭借甘肃西部的荒僻之地不但得以立国二十年，还臣服了面积广大的西域。

西面乱成一锅粥的时候，东面也是一点儿都不安生。后燕皇帝慕容垂的太子慕容宝是一个花花太岁，他向北魏的拓跋珪索要宝马遭到拒绝，就忽悠他老爹攻打北魏。这时的北魏已经今非昔比，结果参合陂一战后燕伤亡惨重，几乎全军覆没。不久慕容垂病死，拓跋珪趁机向后燕发起了猛攻，慕容宝哪里是拓跋珪的对手，只得带着亲信逃回了山海关以东的老根据地。镇守邺城（今河北临漳）的慕容德（慕容垂的另一个儿子）见太子跑路，敌人势大，不得不撤退到山东保境安民，不久他面南称帝，建立了南燕政权。逃到关外的后燕后来被汉族人冯跋推翻，冯跋创建的新政权历史上称为北燕，冯跋轻徭薄赋，重视文化，是十六国时期最后一位英明的君主。

拓跋珪攻打匈奴部落时，杀死了酋长刘卫辰，刘卫辰的儿子刘勃勃逃到了和北魏敌对的后秦。后来，后秦见北魏日渐强大，就改变政策，和北魏缔结了友好条约。这下惹怒了刘勃勃，他在陕西北部宣布独立，建立了夏帝国，这是匈奴人在中国历史上最后的疯狂。刘勃勃是一个非常有个性的人物，不仅是传说中的高富帅，而且是个文艺青年，后者有两点足以证明——第一，为了激励自己，他把姓氏从刘改成赫连，意为"赫然与天相连"，第二，他把自己选定的小都城称为"永不陷落的统万城"。赫连勃勃虽然狂，却并不傻，他起事之后，并不攻打蒸蒸日上的仇敌北魏，而是不停地侵扰当年收留了他的恩主——江河日下的后秦，而且很快成了一个杀人不眨眼的暴君，所谓"天使面容，魔鬼心肠"说的就是赫连勃勃这样的人。

狂暴的赫连勃勃称帝是在 407 年，中国历史在这一年进入了最为疯狂的十一国并立的状态——北方从东往西分别是南燕、北燕、北魏、后秦、夏、西秦、北凉、南凉、西凉，南方则是一个大国，一个小国，大的自然是奄奄一息的东晋，小的是刚刚从东晋分裂出来的蜀政权。

此后，"金戈铁马，气吞万里如虎"的东晋大将刘裕先后攻灭了北方的南燕、后秦和南方的蜀国，而南凉也被相邻的西秦所灭。420年，权势日盛的刘裕终于废掉晋恭帝司马德文，坐上了期盼已久的皇帝宝座，成了南朝刘宋政权的第一任皇帝，至此，凭借淝水之战的胜利得以苟延残喘了三十七年的东晋政权寿终正寝，历史老人的一只脚已经迈进了南北朝时期。

再后来，西凉被北凉所灭，西秦被夏所灭，夏被吐谷浑所灭，北魏又相继灭掉了北燕和北凉，成了北方唯一的政权，和南方的刘宋王朝隔江对峙，中国历史真正进入了南北朝时期，这一年是439年。

谢玄：并非主要靠运气

淝水之战是中国历史上以少胜多、以弱胜强的典型战例之一。后人分析东晋取胜的原因时，往往着眼于前秦皇帝苻坚骄傲轻敌、前秦军队各怀异志、降将朱序阵前反水等运气因素，从而忽视乃至否定了东晋主将谢玄的军事才能和其军队的战斗力。

谢玄和他手下的军队有多么强呢？不是一般的强。

中国人都知道，宋朝的岳飞有一支战无不胜、攻无不克的岳家军，令敌人发出了"撼岳家军难撼山易"的感叹，明朝的戚继光有一支保家卫国、抵御外侮的戚家军，把倭寇打得狼奔豕突，永远退回了日本本岛。谢玄也有一支这样的军队，只不过名字不叫谢家军，而是叫北府军。

北府军是谢玄一手创建起来的，堪称白手起家的典范，之所以在历史上的名气不如岳家军和戚家军响亮，很大一个原因是谢玄之后的领导人出了问题。

四世纪 60 年代，氐族建立的前秦日渐强大，十年间先后灭掉了东面的前燕，西面的仇池、前凉，北面的代国等割据政权，于

376年把北方的广大土地都纳入了版图之内，并且将军事势力延伸到了现在的新疆和四川。早在统一北方之前，前秦皇帝苻坚就已经把侵略的矛头指向了南方的东晋，一而再、再而三地进犯东晋北部边境。当时主持东晋政事的是一代名相谢安，他对此深为忧虑，预感将来秦晋两国间必有一场大战，于是开始物色能够治军统兵、赤心报国的将帅级人物，这时，他想到了侄子谢玄。

俗话说"知子莫若父"，对于谢安谢玄而言则是"知侄莫若叔"，因为谢玄自幼丧父，是由谢安抚养成人的。谢玄自幼聪明过人，堪比芝兰玉树，步入仕途后做事细心缜密，用人各尽其能，充分显示出了治国治军之才。

377年，谢安"举贤不避亲"，推荐谢玄统率江北诸路军马，兼任广陵相。

谢玄来到广陵（在今江苏中部）之后，强烈感受到集中于此的北方流民间洋溢着复仇雪耻、收复失地的激昂情绪，感动之余他决定从流民中招募勇士组建一支崭新的军队。

谢玄的招兵令发布之后，大批年轻力壮的北方勇士应征入伍，其中就包括后来成为名将的刘牢之、何谦、诸葛侃、孙无终、高衡、刘轨、田洛等人。这支军队中的大部分将士和氐、羯、羌、鲜卑、匈奴等胡人有着血海深仇，他们同仇敌忾，日夜操练，时刻准备着上阵杀敌，一雪前耻。

378年，前秦军队兵分两路入寇东晋，西路军来势汹汹，不久攻陷襄阳，名将朱序不幸被俘，东路军则包围了重镇彭城（今江苏徐州），东晋北部边境陷入了前所未有的告急态势。谢玄组建的新军在这样的危急时刻开赴前线，取得了一个又一个胜利，向百姓和朝廷交上了一份令人满意的答卷。

谢玄对外宣称要进攻前秦军辎重所在的留城，然后声东击西，暗中派遣精兵解了彭城之围，直杀得敌军丢盔弃甲，抱头鼠窜。

前秦军不甘心就此结束战争，他们绕过彭城，向淮河南岸的三阿（在今江苏高邮境内）发起猛攻。此时，攻占襄阳的前秦军的一部分赶来助战，这支军队乘着胜利的余威很快就攻陷了三阿附近的盱眙城，城中将士死伤惨重，正在路上的东晋各地援军得到消息纷纷撤退，只有谢玄的队伍依旧毫不畏惧，一往直前。

在谢玄的指挥率领之下，刘牢之、何谦、诸葛侃等将领一路高歌猛进，势如破竹，所向披靡，先解了三阿之围，又收复了盱眙，然后在白马、君川等地几次大破敌军，在谢玄军的沉重打击下，侵入淮南的前秦军几乎全部覆灭，只有几个命大的家伙逃回了北方。

谢玄组建的新军一战成名，名动天下，因为此战后谢玄驻守的京口（今江苏镇江）又称为北府，故这支军队被尊称为北府军。

383 年，平定了国内叛乱，获得了"国际尊崇"的苻坚又一次信心爆棚，不顾众人反对，悍然发起了对东晋的进攻，于是，真的以少胜多、所谓以弱胜强的那场淝水之战在历史舞台上上演了。

淝水之战的经过大家非常熟悉，笔者在此不再赘述，但有两个情节必须要浓墨重彩地描述一下，因为这足以证明谢玄领导的北府军实力之强大。

其一，两军隔着淝水对峙之际，苻坚曾经和反对他进攻东晋的弟弟苻融登上寿阳城楼观察敌情，当他看到晋军军容齐整、士气正盛时，不由得面露惧色，怅然若失，对苻融说出了下面的话："这也是劲敌，怎能说他们弱呀！"如果不是内心确实被北府军的气势震撼到了，不可一世的苻坚大帝怎么可能会向意见不同的弟弟示怯呢？

其二，谢玄从东面向淝水战场进军时，前秦军已经攻占了寿阳和郧城，并且把战线推进到了东边的洛涧。为了阻挡晋军西进，苻坚派梁成率领五万精兵在洛涧前后部署了两道防线，但当谢玄派出的猛将刘牢之率兵发起冲击时，前秦军的双保险也是那么不堪一击，北府军的战斗力于此可见一斑。当时刘牢之手下只有五千士兵，仅仅是敌军的十分之一，可他们毫无惧意，以一当十，以不可当之势冲垮了敌人的两道防线，杀得敌军尸横遍野，血流成河，而且杀死了对方十员大将，其中包括主将梁成，随后又分兵控制了战略位置非常重要的淮河渡口，为晋军的最终决胜创造了一个重要条件。

淝水之战后，谢玄指挥北府军乘胜收复了兖州、青州、司州、豫州的大片土地，等于攻取了前秦四分之一的国土。谢玄本来是有可能驱除胡虏出境，完全恢复故土的，但由于朝廷中的保守势力满足于偏安江南，不愿意进行北伐，谢玄不得不率领北府军遵从圣命，含恨回师，空前绝后的北伐良机就此付诸东流，徒留一声慨叹……

谢道韫：最有智慧的"女汉子"

关于古代才女，我们想到的首先是李清照，第二个应该就是吟咏出"未若柳絮因风起"的谢道韫了。

让我们先来重温一下谢道韫给中华文坛留下的那缕流芳百世的绝代风流。

话说在一个北风萧萧、落叶飘飘的冬日，东晋第一名相谢安家的客厅里，一家人齐聚一堂，正在围炉闲话。忽然，天空彤云密布，雪花纷纷而下，谢安不由来了咏雪的兴致，就随口吟出一句："白雪纷纷何所似？"他的侄子谢朗应声和道："撒盐空中差可拟。"谢朗话声刚落，一个清丽而自信的声音在厅中响起："未若柳絮因风起。"说话的是谁呢？谢安的侄女谢道韫。就在这个时刻，一个绝世才女的形象诞生了，"咏絮才"很快成了才女的代名词。

其实，谢安早就领略过侄女的聪慧头脑和超凡才情。一天，谢安看到谢道韫正在读《毛诗》，就想考考这个好学的侄女。谢安问谢道韫："《毛诗》何句最佳？"谢道韫不假思索地答道："吉甫作诵，穆如清风。"谢安原以为正值豆蔻年华的小侄女会背出"关关雎鸠，在河之洲"那样的诗句，却没想到谢道韫给出的答案竟是意高旨远、心怀天下的"烝民之诗"，心中不由得暗暗称奇，从此对这个小侄女更加刮目相看，青睐有加了。

春华秋实，时光荏苒，不知不觉间谢道韫已经到了出阁的年龄了，作为叔父兼监护人的谢安（谢道韫幼年丧父，随叔父谢安长大）在侄女婿的候选人上陷入了前所未有的矛盾。

谢家在当时是数一数二的名门望族，真正能够与之门当户对的只有王羲之的家族。

王羲之有七个儿子，从大到小分别叫王玄之、王凝之、王涣之、王肃之、王徽之、王操之、王献之。王羲之父子都以"之"字为名，在辈分上有点乱。这七个儿子虽然书法造诣不如他们的父亲，但也没给老爸丢人，他们百花齐放，各有所长，有的工草隶，有的善正行，其中成就最大的是有"小圣"之称的王献之，其次是王徽之。

王羲之的这七个儿子中，谢安最欣赏的是年龄最小的王献之。王献之曾经和哥哥王操之、王徽之一起去拜访谢安，王徽之、王操之在谢安面前滔滔不绝、口若悬河地谈天说地，论东道西，而王献之却只说了几句表示问候的话。他们兄弟离开之后，客人们问谢安怎么评价这三个年轻人，谢安的回答是"小者最胜"。客人问何以知之，谢安答曰："吉人之辞寡，躁人之辞多。"用现在的话说，就是——有涵养的人话少，没耐性的才话多。

遗憾的是，谢道韫比王献之大好多岁，而那时又不流行姐弟恋，谢安只好把选婿的目光转向王徽之。

王徽之就是那位以雪夜访戴，"乘兴而来，兴尽而归"名声大噪的王子猷。王徽之性格放浪、孤高自傲，也许适合当情人，绝对不能做老公，所以最终也没能入了谢安的法眼。

现在，谢安只能把目光锁定在了年龄最大、好像最成熟的王凝之身上。

关于王凝之，谢安做出过这样的评价："王郎，逸少子，不恶，汝何恨也？"这句话表明羽扇纶巾、儒雅风流的名相谢安在婚姻家庭的选择上也没能免俗。在谢安看来，王凝之家世好，人不坏，虽然不是非常理想的结婚对象，但绝对是个"钻石王老五"，自己的侄女谢道韫嫁过去应该不算委屈，但谢道韫好像并不这么认为。

谢道韫在回娘家省亲时，曾经对叔父谢安表示过对丈夫的抱怨，她是这么说的："一门叔父，则有阿大、中郎；群从兄弟，则有封、胡、遏、末。不意天壤之中，乃有王郎！"大体意思就是说"我们谢家，从老到少，个个都是杰出人才，俊雅不凡。可是我没想到，天底下竟然还有像王凝之这样的人啊！"顺便说一下，话中提到的"遏"就是淝水之战的指挥者谢玄，他是谢道韫的同胞兄弟。

有人以为谢道韫语中有"王郎"二字，就断定上面的话语爱意大于怨意，这其实是站不住脚的，"王郎"在当时应该像"牛郎织女"的"牛郎"一样只是个普通称呼，谢安也称王凝之为"王郎"就是一个明证。

虽然谢道韫对丈夫王凝之不满意，但她还是尽力地去做一个好儿媳、好妻子、好母亲、好嫂子，赢得了王府上下一家老小的交口称赞和衷心钦佩。

作为嫂子的谢道韫，不但在日常生活上关心小弟王献之，还经常在诗文学业方面给予指点，王献之也深深折服于谢道韫的雅量深致，对嫂子非常尊重。

一次，王献之与友人在府中谈论诗文时，一时间窘于应对，处于下风。谢道韫一直在室外悄悄欣赏名士论战这一视听盛宴，对他们讨论的话题感觉胸有成竹，游刃有余，就有了为小弟王献之解围的想法。谢道韫让丫鬟借着端茶送水的机会递给王献之一张字条，上书"欲为小郎解围"，王献之一见又惊又喜，于是，空前绝后的垂帘论战在中华文化史的舞台上隆重开幕。

才女谢道韫端坐在高高垂下的青绫帘幕之后，接着王献之他们谈论的话题，引经据典，侃侃而谈。不到一炷香的工夫，秀外慧中、锦心绣口的谢道韫便让在座客人一个个无言以对、甘拜下风，在顺利为小叔子解围的同时，又留下了一个百代流芳的文坛佳话。

后来，王凝之被朝廷任命为会稽内史，主管浙东地区的军政要务，谢道韫就带着儿女们离开王家老宅跟随丈夫搬到了山阴城中的内史府。

王凝之作为名门世族的子孙、"书圣"王羲之的儿子、才女谢道韫的丈夫、名相谢安的侄女婿，应该说是一个幸运得鼻子眼儿冒泡儿的人，但身处幸福中许多年的王凝之在暮年竟然遭遇了一场天大的不幸，而且因此送掉了老命。

399 年十月，孙恩以五斗米道作为旗帜在会稽郡所属的海岛上发动起义，起义军很快攻破上虞，杀死县令，而后向会稽郡内史所在的山阴城进发。

在这千钧一发、生死攸关的时刻，历史上最为荒谬可笑的一幕上演了。

王凝之和孙恩一个是政府要员，一个是造反头子，但他们却有一个重要的共同之处——都是五斗米道的超级粉丝。王凝之像相信五斗米道一样，坚信作为"同道"的孙恩不会造他的反，退一步说，即使造反也不会找他的麻烦。可惜，形势并不以王凝之的意志为转移，叛军正在一步步逼近山阴城。

当远方的喊杀声已在耳边响起时，王凝之才不得不相信孙恩真的造反了。可笑的事，他并不厉兵秣马，严阵以待，而是踏罡步斗，念经拜神，坚信天兵天将会下凡帮他御敌，杀退贼兵，保一方百姓平安。

最后怎么样呢？该来的还是来了，不会来的终归还是没有来。

山阴城东门很快被攻破了，王凝之却并不忙着离开内史衙门，回家带领妻儿老小出城逃命，因为他坚信即使孙恩已经找了他的麻烦，也不会拿他的生命和他开玩笑，但孙恩并不领他的"同道"之情，毫不客气地砍下了他的脑袋。

书圣王羲之的儿子、才女谢道韫的丈夫就这样没头没脑、糊里糊涂地死了。

比谢道韫晚六百年的花蕊夫人曾经写过这样一首诗：君王城上竖降旗，妾在深宫怎得知。四十万人齐解甲，更无一人是男儿。谢道韫在 399 年十月一生中最悲催最危险的那一天面临的形势与那首诗所写颇为相似。

当孙恩带兵冲入内史府后宅时，刚刚得到噩耗的谢道韫正在一边安抚怀中懵懂无知的外孙刘涛，一边组织家人和仆人们准备刀棒自卫。但他们怎是乱兵的对手，转眼间，四个儿子相继被害，男仆丫鬟血流庭院，前呼后拥的孙恩已经提刀来到了谢道韫的面前。

面对如狼似虎、气势汹汹、不可一世的乱军，身为弱女子的谢道韫表现出了泰山崩于前而神色不变的冷静与镇定，令万千男子自愧弗如。她怀抱幼孙，手指孙恩，大义凛然，亢声而辩："事在王门，何关他族？此小儿是外孙刘涛，如必欲加诛，宁先杀我！"杀人无数的孙恩被谢道韫临危不惧的气魄和掷地有声的话语所深深折服，他命令手下让出一条道路，目送这个智慧而勇敢的伟大女性抱着襁褓中的婴孩消失在残阳如血的苍茫暮色之中。

此后，谢道韫一直寡居会稽，虽经世乱家难，淡定从容如故，闲暇时常为闻名而致的学子传道授业解惑，拜访过她的人都深觉"内史夫人风致高远，词理无滞，诚挚感人，一席谈论，受惠无穷"。

陶渊明"千里走单骑"

关羽"千里走单骑"几乎是每个中国人都知道的故事,殊不知,东晋大诗人陶渊明年轻时也曾以文弱书生之躯"千里走单骑"呢。

陶渊明的曾祖父陶侃是东晋开国元勋,军功显著,官至大司马,都督八州军事,兼任荆州江州二州刺史,封长沙郡公,祖父陶茂、父亲陶逸都做过太守。但是,陶渊明九岁时父亲就不幸辞世了,家道立时中落下来。

失去父亲的陶渊明不得不和妹妹跟着母亲到外祖父家里生活,这个经历对陶渊明的一生产生了非常重要的影响。

陶渊明的外祖父名叫孟嘉,曾任征西大将军,跟随北伐名将桓温横扫中原,是当时的一位名将兼名士,"行不苟合,年无夸矜,未尝有喜愠之容。好酣酒,逾多不乱;至于忘怀得意,傍若无人"。他的个性作风在小外孙陶渊明身上留下了深深的烙印。

外祖父家里藏书很多,这给喜欢读书的陶渊明提供了修身养性提高自己的机会。在东晋后期那个重道轻儒的时代,好学的陶渊明不仅像一般的士大夫那样学了《老子》《庄子》,还学了儒家的《六经》和文史神话之类的所谓"异书"，所以，长大后的陶渊明思想中既有"少无适俗韵，性本爱丘山"的道家情趣，又有"猛志逸四海，骞翮思远翥"的儒家胸怀。

晋安帝隆安四年（400年），满怀激情、报国心切的陶渊明到荆州投奔北伐名将桓温之子，都督八州军事的后将军兼荆、江二州刺史桓玄。

陶渊明本来以为桓玄会像他的父亲一样有着北伐中原、恢复故土之志，可是等他来到桓玄身边做属吏时，却发现理想很丰满，现实很骨感，而且不是一般的骨感——年轻气盛的桓玄根本无意收复被五胡异族占据的中原大好河山，却时刻觊觎着东晋皇帝的宝座，准备找个机会取而代之。以天下为己任的陶渊明当然不肯与桓玄同流合污，做这个野心家的心腹，他后悔自己当初远离家乡亲人来到荆州，在诗作中感叹"如何舍此去，遥遥至西荆""久游恋所生，如何淹在滋"，第二年便借着老母病逝之机逃离虎口，回到了家中。

后来形势的发展正如陶渊明所预想的那样，桓玄举兵叛乱，攻入建康，夺取了东晋的军政大权，随后改国号为楚，把退位的晋安帝幽禁浔阳。

翌年，建武将军、下邳太守刘裕等人自京口（今江苏镇江）起兵讨桓平叛，桓玄兵败西走，把晋安帝带到了江陵。

刘裕率兵继续西上讨伐桓玄时，满腔忠君报国之情的陶渊明凭着"君子死知己，提剑出燕京"的气魄，"精卫衔微木，将以填沧海"的精神，乔装改扮后孤身一人冒着危险，从家乡浔阳出发，沿江而下，"千里走单骑"，几经辗转赶到刘裕军中，及时把桓玄挟持安帝到江陵的始末报告给刘裕，实现了他为民请命、为国尽忠的夙愿。

后来，他在《荣木》第四章里仿效《诗经》写下了自己当时的兴奋之情："四十无闻，斯不足畏，脂我名车，策我名骥。千里虽遥，孰敢不至！"

在陶渊明提供的重要军事情报的帮助下，刘裕的军队及时准确地把握住了战机，迅速西进，一举击溃了桓玄的叛军，平定了严重威胁国家命运的这场大乱。

叛乱平息之后，刘裕把晋安帝迎回都城建康之后，开始着手整顿"百司废弛"的东晋朝廷。

经过刘裕的一番治理，"内外百官，皆肃然奉职，风俗顿改"，但他冷酷无情、任人唯亲的一面也渐渐显露出来了——为了剪除异己，培植亲信，他杀害了讨伐桓玄有功的刁逵全家和无辜受累的王愉父子，却把众人皆曰杀的奸佞小人王谧任为录尚书事领扬州刺史这样的要职。

耳闻目睹此类黑暗丑恶现象，陶渊明又一次深感失望，虽然他已是刘裕身边的镇军参军，但还是毫不犹豫地辞职回家了。

后来为生活所迫，陶渊明不得不在叔父的推荐下到彭泽担任县令，于是历史的舞台上便诞生了不为五斗米折腰、挂印辞官归园田居这流传千古的壮美一幕。

一句谣言引发两宗命案

在封建社会，皇帝是天下最大的官，普天之下，莫非王土，率土之滨，莫非王臣，天底下的人，他想管谁就管谁，谁也管不了他，他的喜怒哀乐可以决定天下人的命运。但是，往前推一千六百年，竟然有两个皇帝因为同一句谣言而先后被人杀死，这两个倒霉皇帝是谁呢？杀害他们的凶手又是谁呢？

我们中国历史悠久，皇帝之多不计其数，但智力有障碍还被推上帝位的，无论怎么算，都只有两位。碰巧的是，这两个活宝都出在晋朝，这大概是老奸巨猾、心狠手辣的司马懿、司马师、司马昭父子打死也不会相信的事情。

第一个智障皇帝就是人们熟悉的晋惠帝司马衷，历史上数一数二的动乱"八王之乱"便发生在这位老先生当皇帝的时候，而且最终要了他的命。晋惠帝有好几个脍炙人口的"傻"故事，最著名的则是"百姓饥饿为什么不吃肉粥"这一"千古名言"。

晋惠帝的弱智言行固然可笑之极，但和晋朝的另一个智障皇帝比起来，他还算得上是个"人上人"呢。

另一个智障皇帝是东晋末年的晋安帝司马德宗，这才是中国历史上最智障的皇帝，无独有偶，他老爸孝武帝司马曜则是死得最窝囊的皇帝，因为这位老兄是被他宠爱的张贵人用被子闷死的。

晋安帝虽然傻得不可救药，连冬天夏天都分不清，坐在皇帝宝座上的时间却不短，足足有二十二年，但他一直是权臣手中的傀儡皇帝（这简直是一定的），前期是司马道子，中间是桓玄，后期则是大名鼎鼎的刘裕。

刘裕在开始的时候，的确是一位尊王攘夷、北伐中原的忠臣良将，但伴随着功业日大，权势日盛，他渐渐有了不臣之心，开始觊觎智障皇帝坐了二十多年的那个宝座。

正当刘裕积累了足够的勇气，要把晋安帝那个智障加傀儡推到一边，自己登堂入室取而代之的时候，有一句充满神秘、好似天机的谣言在东晋各地，特别是建康城（就是现在的南京）里传开了，眨眼间已是沸沸扬扬，尽人皆知。

这句谣言是这样说的：昌明之后有二帝。昌明不是别人，就是智障皇帝的老爸，那位被老婆用被子闷死的孝武帝司马曜。

谣言很快传到了刘裕的耳朵里，刘裕闻听此言，不由从心底着起急来——我原以为把傻皇帝扒拉到一边就万事大吉了呢，谁承想老天爷还要让司马氏再多喘一口气。老夫眼看着就往六十上数了，哪里还等得起！不行，我得在不违背天命的前提下加速这个过程。

于是，刘裕迅速改变思路，磨刀霍霍，把智障皇帝的无期徒刑（软禁）改判成了死刑，因为只有下这样的狠手，才能让"昌明之后有二帝"的第二帝快点登场。

418 年，刘裕密令他的死党王韶之买通晋安帝左右侍从，让他们找机会把智障主子做掉。

晋安帝的弟弟琅琊王司马德文担心兄长遇害，整日陪伴左右，片刻不离，"害"得刘裕的大小腿子们无法下手。后来，司马德文在焦虑和劳累的双重压力下不幸病倒了，不得不回自己的王府休养。这边琅琊王刚出皇宫，那边王韶之已经入宫来弑君杀人了。

在王韶之的指挥下，晋安帝的黑心侍从用平时穿的衣服打成一条结结实实的带子，把可怜的皇帝活活勒死了。翌日，刘裕诏告天下，皇帝暴病而卒。

在称帝欲望的驱使下，刘裕的工作效率达到了前所未有的高度，左手刚刚杀死昌明之后的第一个皇帝，右手立刻推出了昌明之后第二帝，不是别人，正是因为保护傻子皇帝而被累倒的琅琊王司马德文。

司马德文虽然是智障皇帝的同胞兄弟，却和他那个傻哥哥大不一样，不仅聪明智慧，而且温厚贤德，是个很好的年轻人。如果司马德文生在太平盛世，说不定能成为汉文帝、汉景帝那样的明君，可惜他不幸身陷权臣当道的末世，不可避免地成了改朝换代的牺牲品。

当年，司马德文曾经跟随刘裕北伐中原，他在战事中表现出的智慧和勇气得到了将士们的一致赞扬。收复故都洛阳后，他把遭到毁弃的晋朝皇帝陵墓进行了修缮，这证明他心底有着复兴晋室的志向抱负。

但是，在刘裕权倾朝野、一手遮天的险恶环境下，司马德文的一切智勇、所有抱负都如镜花水月般成了泡影，这个孤独无助的新皇帝只有人为刀俎、我为鱼肉的悲哀和感叹了。

既然司马德文当初已经意识到了傻兄皇身处险境，命悬一线，他肯定也听闻到了"昌明之后有二帝"那个致命的谣言，所以从坐上皇位的那一刻起，他便知道晋朝将会在自己手里结束，自己将是晋朝的亡国之君。司马德文像一个患了不治之症的病人一样，知道将不久于人世，却不知道死神会在哪天降临，每个日子都在惶惶不安中度过，其内心之痛苦非亲历者不能体味。

同时，司马德文还要时刻提防他周围的侍从们，以免自己也像哥哥那样死于非命。

但是，那一天终于还是到来了。奇怪的是，这一天真正到来时，司马德文却变得出奇的平静。他读着刘裕早已派人写好的禅位诏书，心如死水，波澜不惊，就好像他是个局外人，让出的是别人家的江山社稷。司马德文最后一次拿起御玺，冷冷地说："晋朝早就没有天下了，正该如此（晋氏久已失之，今复何恨）……"

尽管司马德文禅位时没有流露出一丝一毫对于帝位的留恋，心狠手辣的刘裕还是不肯放他一条生路，一年后，司马德文最终被刘裕暗中派去的乱兵杀死，一个残忍罪恶的惯例在历史血迹斑斑的产床上降生了。

在刘裕之前，失国的末代君主，尤其是那些让出帝位的，比如汉献帝刘协、陈留王曹奂，都可以保住性命，享受富贵，但刘裕用司马德文的鲜血改写了这个先例，五十八年后，刘裕的玄孙、宋顺帝刘準在让出帝位后也被新皇帝萧道成杀死，这个不幸的少年死前说出了一句让整个历史战栗的话语："愿生生世世再不生帝王家。"更惨的是，刘裕的子子孙孙随后被杀了个干干净净、精精光光，这大概是刘裕当初夺位弑君时无论如何也想不到的吧！

南宋大词人辛弃疾在《永遇乐》一词中塑造了"想当年，金戈铁马，气吞万里如虎"的北伐英雄刘裕的光辉形象，令无数后人景仰不已。作为辛词人偶像的刘裕的确在北伐中原、收复失地上建立了卓越而不朽的历史功勋，但我们并不能因此而忽略了他罪恶的一面。

南北朝

拓跋珪：搬起石头砸了自己的脑袋

老百姓中有一句话叫"搬起石头砸了自己的脚"，而北魏开国皇帝拓跋珪却是搬起石头砸了自己的脑袋，而且砸得头破血流，呜呼哀哉。这其实也怨不得别人，罪魁祸首就是他创下的"子立母死"的立储制度。

拓跋珪给儿子和大臣们洗脑时是拿汉武帝杀死钩弋夫人那段历史说事的，可是如果我们了解一下他和他母亲贺兰氏的关系，应该可以感受到他创立"子立母死"的制度很大程度上是由于贺兰氏给他留下了巨大的心理阴影。

但是，犯下大错的并不是作为母亲的贺兰氏，而是身为儿子的拓跋珪。

拓跋珪原本是代国太子，代国被前秦灭亡后，他和母亲贺兰氏在母亲的娘家贺兰部落寄人篱下，相依为命，这样的日子一直持续了十年之久，直到383年淝水之战的爆发。

淝水之战的失败导致前秦国势大衰，崩溃在即，在贺兰部落的支持下，拓跋珪母子抓住机会重新竖起了代国的大旗。

拓跋珪登基之后不久，将国号改为魏，史称北魏。

实际上，拓跋珪与母亲贺兰氏的关系在很多年里还是比较融洽的，后来却因为一个人的出现陡然直下，裂痕斑斑了。

此人是谁呢？拓跋珪的小姨妈，历史上称为小贺兰氏。

拓跋珪一见到他的小姨妈就疯狂地迷上了这个女人，以至于完全忘记了自己的身份，"必欲得之而后快"。

为了得到小贺兰氏，拓跋珪将皇权发挥到了为所欲为的极致，他完全不顾母亲的劝阻和警告，派人暗杀了小贺兰氏的丈夫，然后将她强行纳入皇宫。

此后，拓跋珪对他眼中的地方豪强展开了猛烈打击，其中包括一些当年给他大力支持的贺兰部落贵族。贺兰氏主张从宽处理有功之臣，但拓跋珪丝毫不为之所动，毫不手软地除掉了他心间曾经的恩人。

贺兰氏本来是想帮助儿子做一个不惑于声色、有感恩之心的好皇帝，可拓跋珪却认为母亲的这些行为是染指皇权、干预朝政，是他必须除之而后快的人。

396 年，贺兰氏在对儿子的莫大失望中死去了，拓跋珪竟然平静得像什么都没发生一样，他们间的母子关系已经到了什么地步于此可见一斑。

为了给后世的皇帝彻底消除母后干政的隐患，拓跋珪向汉武帝学习，炮制了子立母死的立储制度，并且将其付诸实施了。

409 年，拓跋珪立长子拓跋嗣为太子，随后赐死了拓跋嗣那可怜的母亲刘贵人。

　　拓跋嗣是一个孝顺重感情的孩子，对母亲的惨死久久不能释怀，整天整夜地悲伤流泪，即使见到父皇时也控制不住伤心的眼泪。拓跋珪认为自己这样做完全是为了儿子好，而拓跋嗣竟然如此不理解，如此不懂事，于是他内心越来越烦闷……

　　拓跋嗣一直没能够从失去母亲的痛苦中恢复过来，拓跋珪终于脱离恼怒了，他要用鞭子好好教训一下这个没出息的儿子，深受儒家教育影响的拓跋嗣秉承着"小则受之，大则避之"的孝道精神，逃到城外山里的一个地方躲了起来。

　　拓跋珪派人四处搜寻太子拓跋嗣，却都无果而终，他一气之下起了换人的心思：既然你这个儿子如此不知好歹，那我就再找个儿子做太子，让你后悔一辈子！

　　这时，拓跋珪想起了拓跋绍——他曾经万分宠爱的小贺兰氏生下的儿子。拓跋绍虽然比拓跋嗣小两岁，但也不是小孩子了。

　　一旦打定了主意要立新太子，拓跋珪就派人把这个事告诉了小贺兰氏，让她做好为儿子的将来而牺牲的准备。因为按照子立母死的立储规矩，小贺兰氏在儿子立为太子后将被赐死。

　　小贺兰氏并不愿意为了不确定的太子之位而搭上自己的性命，她悄悄派人出宫去给儿子送信求救，说自己犯错惹怒了皇帝，皇帝已经将她因禁以便第二天赐死。

　　拓跋绍得到母亲身陷囹圄的消息，心中充满了对父皇的仇恨，要知道，父亲是他和很多人共有的，而母亲是他自己的，于是他召集起亲信的臣属随从秘密地出了王府向皇宫进发。

拓跋绍一行不敢从皇宫正门进入，他们找了一个隐蔽而合适的地方翻过高高的宫墙闯进了夜色中的皇宫。

拓跋绍担心先去救母亲会惊动父皇，如果那样他和母亲就都难以活命了，所以，他带领手下直接奔往拓跋珪的寝宫，这样，他不仅可以救下母亲，还能得到他一直在觊觎的皇帝宝座。

当拓跋绍等人出其不意杀死十几个侍卫，冲到拓跋珪的龙榻之前时，被刀剑声惊醒的拓跋珪穿好衣衫正要下床。

拓跋珪见到拓跋绍带着一帮人气势汹汹地立在面前，已经知道自己在劫难逃了……

在北魏旧臣魏收撰写的《魏书》中是这样记载拓跋珪之死的：冬十月戊辰，帝崩于天安殿，时年三十九。永兴二年九月甲寅，上谥宣武皇帝，葬于盛乐金陵。庙号太祖。泰常五年，改谥曰道武。显而易见，魏收在著史时"为尊者讳"，没有写出北魏开国皇帝拓跋珪被杀这个事实。

然而，真相是掩饰不住的，等到初唐的李延寿写《北史》的时候，凶手拓跋绍终于在拓跋珪之死中出现了：十月戊辰，清河王绍作乱，帝崩于天安殿，时年三十九。永兴二年九月甲寅，上谥曰宣武皇帝，葬于盛乐金陵，庙号太祖，泰常五年改谥曰道武。

拓跋绍杀死父皇拓跋珪后，并没有如愿以偿地登基称帝，因为被拓跋珪吓跑的太子拓跋嗣得知消息后回来了，并且在大臣们的拥戴下以为父报仇、为国除逆的名义向拓跋绍集团发起了进攻。

当太子拓跋嗣带领众多臣子和大批军马浩浩荡荡出现在皇宫正门前时，势单力孤的拓跋绍母子一时慌了手脚，不知所措，宫内的一些侍卫本来就是被迫从逆，见此情形临阵倒戈逮捕了拓跋绍，随即开门向拓跋嗣请降。

　　北魏宫廷这一场由"子立母死"的立储制引发的血腥政变最终以拓跋绍母子被杀、拓跋嗣登上帝位而结束。作为这个残酷制度的炮制者，拓跋珪自己也为此付出了死在儿子刀下的代价，他本来是要用太子生母的生命来换取政局的稳定，却没想到不但给自身带来了杀身之祸，还让北魏朝廷经历了一次空前的大动荡。

　　拓跋珪的悲剧给后来的北魏最高统治者一个沉重的教训，但是他们并没有废除这个制度，而且其中的某些人，比如李未央的原型冯太后，做出了更为残酷的选择：皇帝的大皇子一出生就杀死他的生母。直到魏孝文帝的儿子元恪做皇帝时，"子立母死"的悲剧才寿终正寝，堕入历史的滚滚尘埃……

神秘的仇池国

在甘肃东南部的西和县，有一座高峻而神秘的仇池山。

仇池山海拔近两千米，三面环水，岩石如血，传说就是当年黄帝砍掉大力士刑天的头颅，刑天以乳为目、以脐为口、挥干戚（即矛和盾）而舞的地方。仇池山山形如舟，山顶平坦如砥，面积竟达十五平方公里，相当于南太平洋小国图瓦卢的全部国土，也相当于南海诸岛的所有陆地面积。

一千七百多年前，仇池山地区诞生了一个仇池王国，前前后后存在了三百年，从西晋中期一直坚持到了隋朝建立，堪称是东晋十六国和南北朝的双料见证人。

假如金庸先生笔下的令狐冲历史上确有其人，仇池王国肯定是他的骄傲，因为仇池国的建立者杨茂搜名义上姓杨，实际上他身上流着的是令狐家族的血。

如果沿着杨茂搜称王上溯八十年，我们会发现建立仇池王国的杨氏家族还和三国历史有着千丝万缕的联系。

熟悉三国的朋友们，诸位肯定还记得第五十八回《马孟起兴兵

报仇　曹阿瞒割须弃袍》和第五十九回《许褚裸衣战马超　曹操抹书间韩遂》吧，当时和马超、韩遂一起起兵反抗曹操的武装力量就有占据仇池地区的氐族首领杨腾，他就是杨茂搜的先祖。

后来，韩遂归顺曹操，马超战败，杨腾不得不带着少数将领，跟随马超投奔蜀地的刘备，而他留在仇池的部众则被曹操迁到了扶风、天水一带。

曹丕建立魏国后，仇池杨氏的地位逐渐得到了提高，杨腾的曾孙杨千万在曹魏后期被封为百顷氐王。

再后来，司马炎建立西晋取代曹魏，他就是历史上的晋武帝，杨千万的孙子杨飞龙被封为征西将军。晋武帝死后不久，"八王之乱"发生，杨飞龙趁着天下大乱，率领氐族部众"还居略阳（今甘肃省天水市一带）"，在八十多年后又回到了高峻而神秘的仇池地区。

重返仇池山的杨飞龙有了自立为王的感觉，但他有一个遗憾难以消除——他没有儿子继承爵位，最后他不得不将外甥令狐茂搜收为养子。

西晋惠帝元康六年，即 296 年，令狐茂搜被舅父杨飞龙收为养子，更名杨茂搜，正是他建立了充满神秘又无比顽强的仇池国。

不久，关中地区发生了齐万年之乱，为了躲避战乱，成千上万的关中百姓涌入了相邻的仇池地区，杨茂搜表现出了宽广博大的胸怀，不但热情接纳安抚前来投奔的难民，对于途经仇池和因故离开的人们也尽力资助保护。

伴随着治下的百姓越来越多，麾下的兵力越来越强，杨茂搜终于在这年年底走出了自立为王的关键一步，他自封辅国将军、右贤王，定都清水城（在今甘肃省清水县境内），延续三百年之久的仇池国自此诞生。

杨茂搜建立仇池国后，以略阳郡为根据地进一步开疆拓土，逐渐占有了现在甘肃南部的大部分土地，并且获得了西晋政府的承认，被封为骠骑将军、左贤王。

317 年，在匈奴、鲜卑、羯、氐、羌等游牧民族的骚扰攻击下，西晋政权灭亡。同一年，晋朝宗室琅琊王司马睿在长江南岸的建康（今江苏省南京市）称帝，建立了一个新朝廷，这个政权被后世称为东晋。

对于仇池国来说，杨茂搜是一个不错的领导人，但他却没有解决好接班人的问题。

就在东晋建立的那一年，杨茂搜因病去世，他死后，仇池国陷入了争权夺位、骨肉相残的漫长岁月。先是兄弟相争，接着是堂兄弟相争，然后又有叔侄相争，然后又有了下一辈的叔侄相争。

杨茂搜有两个儿子，长子杨难当继位后，次子杨坚头不服，在自己的封地自立为王，于是，本来就不大的仇池国又分成了两部分，而且互相讨伐，战乱不断。

334 年，杨难当逝世，其子杨毅继承了他的王位，可是三年后，杨毅就被杨坚头的儿子杨初杀死了，虽然杨初成了仇池国唯一的君主，但杨毅的弟弟杨宋奴却一直在卧薪尝胆，伺机为哥哥复仇。

君子报仇，十年不晚，而杨宋奴则是君子中的君子，他足足等待了十八年，终于在355年杀死了家族的仇人杨初，而他自己也死在了杨初的儿子杨国刀下。

螳螂捕蝉，黄雀在后，杨国刚刚坐稳王位，就被他的叔叔杨俊杀害了，他的儿子杨安死里逃生，投奔了和仇池相邻的前秦，就是后来差点统一全中国，却在淝水之战中一败涂地的前秦。

四年后，犯下弑君罪行的杨俊得到了上天的惩罚，他被杨安收买的内应下毒杀死，十年后，他的儿孙也因为他的罪恶得到了报应。

和父亲杨坚头一样，杨俊也有两个儿子，长子名叫杨世，次子名叫杨统。杨俊死后，杨世做了十年的君主，杨世病死后，他的弟弟杨统和他的儿子杨纂展开了王位争夺战，取得胜利的杨纂一时心软没有杀掉杨统，这给仇池国的灭亡点燃了导火索。

杨纂的王位还没坐稳，前秦的大军已经兵临城下了，领兵的几个主将中就有从仇池国逃到前秦的杨安。

想想当时的杨纂也真是可怜：城外，旧仇人杨安虎视眈眈，意欲破城而入；城内，新仇人杨统蠢蠢欲动，企图取而代之。就在他准备指挥仇池军队迎敌时，杨统偷偷打开城门，把前秦军队引入了仇池王国的都城……这一年是371年。

杨纂所属的杨坚头家族被前秦国王苻坚迁到了前秦京城长安，而在王位争夺战中最终出局的杨难当家族却因祸得福留在了仇池山，正是他们后来完成了仇池国的复国重任。

383年，淝水之战爆发，结果东晋大胜，前秦惨败，根基不稳的前秦帝国很快四分五裂，土崩瓦解，退出了历史舞台，随之而起的是鲜卑的后燕、西燕、代国，羌族的后秦，匈奴的夏，氐族的后凉和仇池。

杨安的逃亡已经埋下了仇池国灭亡的种子。

仇池国复国是在385年，第一任君主是杨难敌的曾孙，杨宋奴的孙子杨定。

关于杨定的辈分，有人说他是杨安的儿子，有人说他是仇池国第三任君主杨毅的侄孙，但不管怎么说，他肯定是杨茂搜的直系子孙。

杨定自称龙骧将军、仇池公，后来又自封为陇西王，为了和以前被前秦灭掉的仇池国区分开，这个政权被称为后仇池国。

杨定在位的时候，仇池国一直于夹缝中求生存，他努力支撑了十年后，不幸在征战中被西秦杀死。

杨定没有儿子，也没有亲兄弟，于是他的堂弟杨盛继承了王位。

414年，东晋名将刘裕在平定巴蜀地区的动乱后，向与之相邻的仇池国发起了进攻，杨盛自知不是晋军的对手，赶忙给刘裕献上表章，向东晋称臣，这才避免了被灭亡的命运。

有了东晋和刘裕后来建立的南朝宋政权的庇护，北方各国停止了对仇池国的侵扰，而杨盛也选择了与民休息、发展生产的国策，于是在杨盛统治的后期，后仇池国呈现出一派安定繁荣的景象。

杨盛的儿子杨玄是一位守成之主，他"善待士，为流、旧所怀"，仇池国在他的治理下，实力进一步增强。

为了保证仇池国有一个良好的发展环境，杨玄既接受称臣于宋，又接受北方新兴政权北魏的册封，而他的弟弟杨难当却走了一条完全相反的路，最后导致了后仇池国的灭亡。

杨玄死后应该由他的儿子杨保宗继位，但他那个野心勃勃的弟弟杨难当竟然废掉侄子，自己坐上了仇池王的宝座。

杨难当不仅野心爆棚，而且狂妄至极，最擅长的就是拿着鸡蛋砸石头，他登位后一会儿打东晋，一会儿攻北魏，弄得仇池国内兵荒马乱，民心难安。432年开始，仇池国连年发生自然灾害，老百姓食不果腹，怨声载道，为了转移国内矛盾，杨难当变本加厉地发动战争，向北魏和刘宋挑衅。宋文帝刘义隆很生气，后果很严重，他一举灭掉了杨难当的后仇池国。

为了更好地统治仇池地区，宋文帝于447年扶植杨盛的一个孙子杨文德在那儿新建了武都国，这个政权虽然不以仇池为名，其实仍然是氐族杨氏仇池政权的继续。

北魏对于仇池地区一直抱着志在必得的态度，因为此地自古以来就是兵家必争的战略要地。武都国在仇池故地建立起来之后，自然就成了北魏的进攻目标，于是武都国身后的刘宋政权就和北魏政权在这一片山区展开了拉锯战。

477年，北魏杀死了武都国的第四任君主杨文度，夺走了一半的土地，把杨文度的堂弟杨文香推上王位，建立了一个阴平国。为了和阴平国对抗，刘宋在武都国的另一半领土上建立了武兴国，君主是杨文度的亲弟弟杨文弘。

在我国历史上，南北相争往往是以北方胜利而告终的，仇池地区的南北博弈也不例外。553年，南朝支持的武兴国被西魏灭亡，阴平国成了最后的仇池政权，一旦没有了互相对抗的敌人，阴平国也就逐渐失去了存在的意义，终于在580年被北周的一员大将灭掉，这个人是谁呢？不是别人，正是一年后建立大隋朝、九年后完成统一大业的隋文帝杨坚。

驿寄梅花是个历史谜案

　　婉约派第一男词人秦观在《踏莎行·雾失楼台》一词中曾经写下"驿寄梅花，鱼传尺素，砌成此恨无重数"的优美诗句，可是，与驿寄梅花这个故事本身的美丽相比，秦学士的文笔还是要稍逊一筹。

　　据南北朝时盛弘之的《荆州记》记载：陆凯与范晔相善，自江南寄梅花一枝，诣长安与晔，并赠诗云曰：折梅逢驿使，寄与陇头人。江南无所有，聊赠一枝春。这就是驿寄梅花的美好往事，我想大家肯定都愿意拥有一个陆凯这样真诚而浪漫的朋友，而且想对他有更多更深的了解吧，令人遗憾的是，他的真实身份千百年来一直是个解不开的历史谜案。

　　在《二十四史》中有两个名叫陆凯的古人，一位是三国名将陆逊的侄子，东吴后期重臣陆凯，另一个是被称为"良吏"的北魏大臣陆凯。大部分资料认定北魏的陆凯是驿寄梅花的主人公，但也有人以为三国的陆凯才是折梅寄友的那个人，实际上，这两个陆凯都不可能成为给范晔寄梅赠诗的那个浪漫的朋友。

三国时期的陆凯既是胸怀天下的政治家，又是博识多才的大学者，而且一直生活在江南，在地域上有机会"自江南寄梅花一枝"，在文才上有实力写下"江南无所有，聊赠一枝春"的优美文字，但是，这个陆凯在时间上却完全不具备"作案"条件——他生于198年，卒于269年，而范晔则生于398年，卒于445年，也就是说，三国时期的陆凯要想给范晔折梅相寄，至少要等上一百多年。

　　北魏时期的陆凯在理论上倒是有可能给范晔"驿寄梅花"，但这个可能性微乎其微，几近于无，因为范晔离世时，这个陆凯即使已经出生，也还是个未谙世事的娃娃，做不出"折梅逢驿使，寄与陇头人"这般有文化内涵的行为艺术。此外，还有一个不容忽视的事实——这个陆凯自始至终生活在北魏境内，从来没有到过江南，根本不可能"自江南寄梅花一枝"给陇头的范晔。

　　既然三国时期的陆凯和北魏时期的陆凯都不具备给范晔"驿寄梅花"的条件，那么，历史上肯定还存在着不为人知、扑朔迷离的第三个陆凯，他的身份定位应该是：南朝诗人，与《后汉书》作者范晔友善，生平事迹不详。

　　其实，驿寄梅花的故事还有一个令人费解的谜团，这个谜团在于"陇头"二字。

　　陇头者，陇山也，是著名的六盘山的南段，在今甘肃、陕西、宁夏三省区交界处，南北朝时期一直处在北方政权的控制之下，在南朝刘宋政权为官的范晔一辈子都没到过位于西北的陕甘一带，他怎么会在好友陆凯的笔下成为"陇头人"呢？

这要从范晔经历的一次战争说起。

431 年，宋文帝刘义隆征召名将檀道济率军北上迎战已经越过黄河下游防线的北魏军队。当时，范晔正在檀道济手下担任司马（兼领新蔡太守），按照规定必须随军北上，范晔害怕身入险境，就借口罹患脚疾（可能是关节炎或鸡眼）请求皇上允许他留在后方。宋文帝虽然没有同意范晔的申请，但还是给了他特别照顾，让他"由水道统载器仗部伍"北进，这样就可以免掉他的行军之苦了。

作为范晔好友的陆凯应该了解并且理解范晔不愿参战的心情，就寄梅赠诗，让奔往战争前线的信使捎给范晔，以安慰他那颗因身在战场而惶惶不安的心。

那时的黄河下游是汉族政权和少数民族政权的交界地带，已经成了战乱频仍的边塞地区，而陇头正是边塞的代名词，于是，在陆凯的赠诗中，身在黄河下游战场的范晔就被称为"陇头人"了。

为什么陇头可以代指边塞呢？因为位于胡汉交界处的陇头地区自古以来就是兵家必争之地，楚汉战争、东汉羌民起义、诸葛亮北伐中原都和陇头这个地方有着千丝万缕的联系。

后世的诗歌中也经常有以陇头指代边塞的情况，比如唐代女诗人薛涛的《罚赴边有怀上韦令公》第一首：闻说边城苦，而今到始知。羞将门下曲，唱与陇头儿。此处薛涛用"陇头儿"指称在川西松州边塞地区和吐蕃人作战的唐军士兵。再比如，"胡天飞尽陇头云，惟见居庸暮山紫"，明朝诗人徐祯卿《送士选侍御》一诗中两句，在这里，徐祯卿以陇头指代当时属于边塞防线的居庸关一带。

最后，我们应该感谢非著名诗人陆凯用他的真诚和浪漫为后世留下了驿寄梅花这个美丽的故事和《赠范晔》这首动人的诗歌，虽然《赠范晔》是我们能欣赏到的陆凯的唯一诗作，但这首诗已经足以让他无愧于诗人这个称号了。

谢朓：生死时刻他做出了怎样的抉择

中国最著名的诗人是李白，李白最崇拜的诗人是南朝的谢朓，那么，谢朓究竟是怎样的一个人呢？

众所周知，东晋时期有两个极其重要的高门士族，一个是以王羲之为代表的王家，一个是以谢安为领袖的谢家，"旧时王谢堂前燕，飞入寻常百姓家"抒发的即是对这两个大家族辉煌不再的感叹，而谢朓就是谢安家族的嫡系子孙。

谢朓的曾祖不是别人，正是"飞雪咏絮"故事中吟出"撒盐空中差可拟"的谢朗，他是名相谢安的亲侄子，虽然谢朗的比喻不如谢道韫来得生动逼真，但众位也不要小看了他把雪比作盐的想法，要知道，现在有很多影视剧组拍戏时是用盐来制作雪景的，而且据《世说新语》记载，谢朗少有文才，长大后"文义艳发"，"博涉有逸才"，所以，我们可以说谢朓的诗才文思在一定程度上来自曾祖的遗传。

谢朓父亲的家族固然了不得，谢朓母亲的出身更是不得了——她乃是宋文帝刘义隆的女儿长城公主,也就是说创造了南朝盛世"元嘉之治"的那个皇帝不是别人，正是谢朓的外祖父。

遗憾的是，等到谢朓长大成人步入官场的时候，他所在的南中国已经改朝换代，皇帝不再姓刘，而是改姓萧了。好在谢氏家族这棵大树还没有倒下，在它的庇佑下，谢朓年纪轻轻就担任了工作清闲、待遇优厚的官职，享受着轻裘肥马、广交文友的悠游生活。在此期间，谢朓与沈约、萧衍（就是后来的梁武帝）等人团结在竟陵王萧子良周围，日日饮酒赋诗，互为唱和，史称"竟陵八友"，留下了文学史上的一段佳话。当时在位的皇帝是南齐武帝萧赜，他所用的年号是永明，因此，竟陵八友的诗作被称为"永明体"，而谢朓则是"永明体"排名第一的代表人物。

永明初年的美好岁月里，谢朓不仅获得了诗名与友情，还收获了婚姻与爱情。谢朓的妻子王氏是大司马王敬则府中的大小姐，他们二人一个是名门望族之后，一个是当朝权贵之女，也算得上是门当户对，珠联璧合。

谢朓是一个自由浪漫、不喜拘束的诗人，在官场待的时间一长，逐渐生出些许倦意，可是他又不愿像陶渊明那样放弃锦衣玉食、呼奴唤婢的贵族生活，于是，他陷入了深深的矛盾之中。他在建武二年出任宣城太守时写的那些优美的诗篇时常会表现出这种羡隐慕逸、欲去还留的倦怠心情，比如这首《之宣城郡出新林浦向板桥》：

> 江路西南永，归流东北鹜。
> 天际识归舟，云中辨江树。
> 旅思倦摇摇，孤游昔已屡。

既欢怀禄情，复协沧州趣。

嚣尘自兹隔，赏心于此遇。

虽无玄豹姿，终隐南山雾。

　　这时，皇帝已经换成了齐明帝萧鸾，他是武帝萧赜的堂兄弟，是通过血腥政变上台的。萧鸾对谢朓非常信任，他安排谢朓去宣城做一把手是为了让小谢在基层好好锻炼一下，以备日后辅佐将来的太子。建武四年，谢朓被任命为准太子身边的镇北咨议，同时兼任南东海太守。

　　不可思议的是，谢朓深受萧鸾信任，谢朓的岳父王敬则却是萧鸾最为猜忌防备的大臣之一，因为王敬则是前朝老臣，而且在改任司空前一直手握重兵，在军界颇有威望。王敬则也知道萧鸾对自己一直不放心，因此时刻准备着和对方来一场生死决斗。

　　498年，萧鸾病重，进一步加强了对王敬则的防范，王敬则决定一不做二不休，拉起杆子去革皇帝小倌的命。王敬则虽然是个四肢足够发达、头脑有点简单的武将，但他深知单凭自己的力量难以成事，就派最小的五儿子前往京口（今江苏省镇江市）联络女婿谢朓，希望谢朓能够加入他的造反阵营，和他一起"舍得一身剐，敢把皇帝拉下马"。

　　见到远道而来的妻弟，谢朓陷入了空前的矛盾，一边是有知遇之恩的皇帝，一边是自己的岳父老丈人，他一时之间难以做出取舍，不知何去何从——他仿佛看见一条生死攸关、寒气森森的铁索桥正在他的面前伸展开来：如果他心惊胆战地走上了这座铁索桥，再想回头已经无路可退，而桥那头可能是更高的官，更厚的禄，更显的爵，但更可能是一座鲜血淋淋、阴风阵阵的断头台；如果他选择留在桥的这头静待事态发展，有可能保住自己的身家性命和锦衣玉食，更有可能受到岳丈的牵连家破人亡、身首异处。在这种无比险恶的情况下，谢朓若要自保，那就只有一条路可走——将岳丈的造反企图报告给金陵的皇帝萧鸾，表示自己完全与皇帝站在一边，和造反者势不两立。

既然谢朓选择了保持对皇帝的忠心，结果就是和尚头上的虱子——明摆着了，因为皇帝这头还没瘦死的骆驼比王敬则那匹不自量力的老马要大得多，于是，王敬则兵败如山倒，手下将士树倒猢狲散，最后不但王敬则自己被杀，还连累五个儿子都送了命。

从王敬则不顾在皇帝身边的四个儿子的安危执意起兵造反来看，这个老头子应该是被篡位称帝的欲望冲昏了脑袋，谢朓和他划清界限并且上报揭发虽然在感情上有冷酷无情之嫌，却也是以其人之道还治其人之身，同时也是没有办法的办法。

谢朓冒着妻离子散的危机得以从王敬则反叛引发的血案中全身而退，可是他没有想到另一张鲜血淋淋的罗网很快就会悄无声息地向他头顶抛砸而来。

齐明帝萧鸾死后，他的儿子东昏侯萧宝卷继位，新君初立的历史时刻给了觊觎帝位者以可乘之机，受命辅政的始安王萧遥光就是其中之一。萧遥光和另一位辅政大臣江祏联手后，就来拉拢既深受萧鸾器重又是文坛领袖的谢朓入伙，以便政变成功后扩大声名威势。谢朓依然固守着对萧鸾的忠心，当然也就爱屋及乌地要做萧宝卷皇位的捍卫者，所以他毫不犹豫地拒绝了萧遥光向他伸出的合作之手，萧遥光恼羞成怒，随即和江祏等人一起展开了对谢朓的栽赃诬陷。

萧宝卷的糊涂浑蛋在历史上是出了名的，在这一点上他敢排第二就没人敢排第一，结果，百口莫辩的谢朓以谋反罪被打入了深牢大狱，不久，这位才华横溢、文采风流的大诗人就不明不白地殒命在囹圄之中了。

谢朓被害时年仅三十六岁，正是一个诗人创作力最为旺盛的时期，虽然残酷的政治和无情的命运夺走了他风华正茂的生命，却永远抹不掉他留下的那些优美诗歌，无论是"余霞散成绮，澄江静如练"的宁馨，还是"鱼戏新荷动，鸟散余花落"的灵动，无论是"天际识归舟，云中辨江树"的怅惘，还是"绿草蔓如丝，杂树红英发"的绚烂，都会让我们想起当年那个在长江孤舟之上独自吟咏着"大江流日夜，客心悲未央"的寂寞而不幸的诗人……

帅哥高演：死于心虚的"螳螂"

　　汉语有时候是非常有趣的，比如虚心和心虚，虽然只在排列顺序上有点小差别，意思却天南地北大相径庭，虚心是个典型的褒义词，而心虚则是个常见的贬义词。

　　心虚绝对算不上什么大问题，可是竟然也能要人的命。

　　话说南北朝晚期，中国大地上存在着三个国家，长江以南是陈国，江北则有两国，西面是宇文氏的北周，东面是高氏的北齐。

　　北齐是东魏权臣高欢的二儿子高洋建立的。高洋在位初期励精图治，勤于政事，北齐的国势是三个国家中最强的。但高洋很快就走向了奢侈腐败、昏庸残暴，并且残害骨肉、虐杀兄弟，最终因饮酒过量导致无法饮食，结果在三十四岁时就一命呜呼了。

　　高洋的双手的确沾满了兄弟的鲜血，但如果说他一点亲情不讲，人性完全泯灭，那也确实是冤枉了人家，要知道，被他杀死的兄弟都是他同父异母的兄弟，也就是说，都是他老爸和小三生的孩子，换句话说，高洋是在给他母亲——皇太后娄昭君报仇。

　　对于同胞兄弟，高洋还是有几分感情的，甚至可以说很有感情，如若不信，请看他驾崩前的这一幕。

高洋临死时，把母亲妻儿和众兄弟都召到了龙床前，他当着大家的面，对三弟常山王高演推心置腹、语重心长地说："将来高殷（高洋的长子）继位后，如果你有机会取得皇位，那皇位就让给你了，但一定不要伤害高殷……"话未说完，高洋就匆匆忙忙找阎罗王报到去了。

为什么高洋要对高演而不是别人说这些话呢，因为他知道高演有着雄心壮志，不会久居人下，对于未来的皇帝高殷来说绝对是个危险因素，但是他却一直囿于一奶同胞关系而没有对高演下手。

高洋虽然是个昏君，但他对高演的判断是完全正确的。

高演是高欢和娄昭君生的第三个儿子，"美资貌，有气度"，从小就是一个聪明勇敢、非常自信的美男子。高演二十多岁就开始参与朝政，他办事果断、心思缜密，而且高瞻远瞩、胸怀天下，是北齐朝廷上难得的清醒者之一。当时高洋沉湎酒色、不理朝政，大臣们大多趋炎附势、随波逐流，只有高演忧愁国事、面无喜色，并且不时向高洋直言进谏。

高洋死后，十五岁的太子高殷顺利继位，按照高洋的遗命，由尚书令杨愔等人辅政。在高殷的支持下，杨愔大刀阔斧进行全面改革，他们惩治贪腐、裁撤冗员、减免徭役、问民疾苦、整顿军队、强化国防，使北齐的危急国势得以缓解，呈现出一派中兴之象。

当时，很多无才无德、靠贿赂上台的人被罢官免职，其中的奸佞之徒心怀怨恨，纷纷投靠到反对改革的保守派常山王高演和长广王高湛手下。两个王的背后是同样抵制改革的老太后娄昭君，顺便说一下，孙子高殷即位后，老太太娄昭君已由皇太后升格为太皇太后。

在娄太后和二王的掣肘阻挠下，少年皇帝高殷要想把改革事业更上一层楼，可谓是难上加难，难于上青天，更糟的是，京畿地区军队的指挥大权控制在高演、高湛手里。攥着印把子的改革派和握着枪杆子的保守派就这样对着干上了，而且矛盾很快达到了白热化状态，京城内外"山雨欲来风满楼""黑云压城城欲摧"，一场你死我活的宫廷内战一触即发。

560 年，在娄太后的默许下，高演、高湛先发制人，发动政变，杀死杨愔等改革派重要人物，将高殷废为济南王，之后，高演登基称帝，成了北齐王朝的第三个皇帝。

实事求是地说，高演是个好领袖，文治武功样样不差，是北齐唯一一个值得一书的皇帝。

以保守派身份上台的高演，在执政后令人惊奇地举起了改革大旗，但他在政治上比较成熟，尽量不去触动上层阶级的利益，因此取得了不错的成果。在高演的统治下，北齐的政治、经济和军事得到很大发展，国力再一次超过了北周，可他知道老百姓喜欢和平，渴望安定，所以对北周一直偃旗息鼓，没有发动土地争夺战，对于经常骚扰北部边境的库莫奚等游牧民族，高演则毫不客气，亲自带兵讨伐，打得敌人望风而逃，不敢南窥。

高演登上帝位后，好像一切都顺风顺水，水到渠成，但是他心底一直有一个天大的忧虑，他老是担心有朝一日被废的皇帝高殷会卷土重来，夺走他现在所拥有的一切。怎样才能让自己的那颗心安定下来呢？一不做，二不休，他最终决定要让高殷在这个世界上永远消失。

当朝皇帝要做什么事哪有办不成的！这时候，背叛高殷投靠高演的高归彦派上了用场，他被高演秘密派往济南王府去执行杀害前主人的命令，年纪轻轻的高殷就这样惨死在了曾经的下属的屠刀之下。

当年高殷被废时，娄太后想起了高洋临终时的那番话，就和高演定下了一个君子协议：无论发生什么事情，绝对不能伤害高殷。娄太后其实也是非常喜欢高殷这个孙子的，如果不是高殷力主变法，娄太后本来是不会让两个儿子挑战孙子的皇位的，毕竟"手心手背都是肉"呀！

除掉高殷后，高演的心安定下来了吗？不但没有，而且更糟了，因为心虚让他有了一个个新的忧虑：哥哥高洋临死时的遗命，母亲娄太后与他的约定，还有侄子高殷那无处不在的冤魂，他的心底充满了难以摆脱的内疚感和罪恶感。白天在朝堂上忙于政事时，高演还能控制得住，一到了晚上，高演眼前到处是高殷鲜血淋淋的鬼魂，无论如何也躲避不开，不到半夜根本不能入睡，睡着了之后也经常冷汗淋淋地从噩梦中醒来。

娄太后好多日子不见高殷，就满怀疑虑地向高演询问孙子的下落，高演无言以对，娄太后这才知道高殷已经被害，老人家对至亲相残异常愤怒，表示永远不会原谅儿子高演。

母亲的痛责和高殷的鬼魂（当然是高演臆想的）终于使得高演白天也神情恍惚、心神不定了，于是他找了个好日子带着几个随从去京城郊外骑马散心。正当高演登上高处欣赏远方的风景时，突然一只野兔从旁边的树丛中冲出，高演的座下马受惊跃起，马上的高演以为又有鬼魂作祟，一时心虚撒开了马缰，结果从马上重重地摔了下来，肋骨折断，内脏严重受伤。

高殷的鬼魂并没有放过身受重伤的高演，高演的病情急剧恶化，在登上皇位不到一年零三个月时，二十七岁的他就抛下锦绣江山和娇妻幼子撒手西去了。

为了不让高殷的悲剧发生在自己的儿子高百年身上，高演在临终前改立长广王高湛为皇位继承人，还特意给高湛写了一封书信，恳求他说："宜将吾妻子置一好处，勿学前人也（你要好好对待我的妻子儿女，千万别学我的样，以至于害人害己）。"

然而，"螳螂捕蝉，黄雀在后"，历史很快重演，高洋的长子高殷被叔皇高演害死三年后，高演的长子高百年又被叔皇高湛杀害，高洋、高演、高湛三兄弟在皇室相残上分别扮演了蝉、螳螂、黄雀的角色。

帅哥高演用华美生命作为惨重代价告诉后人一个深刻的道理——如果你的脸皮不够厚，内心不够狠毒，就不要去做徇私枉法、贪污受贿、杀人放火那些伤天害理的事，否则，即使你逃得过法律的惩罚，也迈不过自己心内的那道坎。

十五岁的开国皇帝宇文觉

　　纵观中华历史，各朝各代的开国皇帝，无论是戎马倥偬、久经沙场者，还是专权独断、逼君让位者，创建基业之时都已人到中年，甚至于老之将至，前者如宋太祖赵匡胤、明太祖朱元璋，后者如汉高帝刘邦、唐高祖李渊，然而，南北朝时期北周的开国皇帝却是一个年方十五、稚气未脱的懵懂少年，他就是孝闵帝宇文觉。

　　宇文觉是西魏宰相、北周奠基者宇文泰第三子，母亲为北魏冯翊公主，七岁（《周书》记为九岁）时，被封为略阳郡公。据说当时有善于相面者史元华为宇文觉看相，事后，史元华私下告诉宇文觉的亲人："这位公子有至贵之相，但可恨的是他不长命。"

　　556 年，宇文泰病死，他的侄儿宇文护扶持十五岁的宇文觉承袭父位，由宇文护辅政。第二年正月，宇文护逼迫西魏恭帝拓跋廓把皇位禅让给宇文觉，宇文觉即位称帝，定都长安，立国号周，史称北周。

　　宇文觉称帝后，军政大权实际上全部掌握在他的堂兄大司马宇文护手中。宇文护专横跋扈，一部分元老大臣对他心生不服。太傅赵贵密谋刺杀宇文护，找太保独孤信商议，独孤信阻止了他，但也没有告发他。后来有人告发了这件事，宇文护立刻杀了赵贵，独孤信也被罢官，不久又被赐死。

外表斯文的宇文觉却有着刚毅果敢的性格，对于宇文护专政感到相当不满。他虽然尚未成年，但也想亲自执政，而司会李植与军司马孙恒也对宇文护专权独断深感愤怒。557 年四月，二人便与乙弗凤、贺拔提等人一同私下向宇文觉请求诛杀宇文护。宇文觉同意了，准备借宴请公卿的机会捕杀宇文护。他们又找了张光洛一同行事，不料张光洛却将此事密告给宇文护。宇文护这次没有大开杀戒，只是改任李植为梁州刺史，孙恒为潼州刺史，将他们两人从宇文觉身边调离，贬到地方做官。

侥幸留下来的乙弗凤却不死心，加紧谋划，准备再次由宇文觉设御宴招待群臣，乘机干掉宇文护，但仍然潜伏在他们身边没有暴露的张光洛又将此事告诉了宇文护，这次宇文护不再心慈手软，立即召集心腹，将乙弗凤等人一一捕杀，使宇文觉身边没有了侍卫。接着，宇文护派贺兰祥逼迫宇文觉逊位，将他贬为略阳公并幽禁，一个月后，宇文护又派人将年仅十六岁的宇文觉毒死。

572 年，宇文觉之弟、北周武帝宇文邕诛杀宇文护，下令为宇文觉上徽号。于是，蜀国公尉迟迥奉皇帝之命在南郊上谥宇文觉为孝闵帝，尊其为北周开国皇帝，称其陵墓为静陵。

女相陆令萱：多行不义必自毙

我国的传统戏剧有很多是以女性人物为主人公的，所以，在舞台上经常可以看到女将军、女元帅的英姿，也可以看到女驸马、女巡按、女丞相的身影。女将军女元帅历史上并不少见，如商朝的妇好、晋代的荀灌娘、南宋的梁红玉、明末的秦良玉，女驸马女巡按迄今为止好像还没有真正出现过，女丞相倒是有一位，可惜是个反面教材，和励志几乎沾不上边。

这个女人当然不是舞台上的元朝女相孟丽君，她生活在更早的南北朝后期的北齐王国，有一个美丽动听的名字——陆令萱。萱草者，中华文化中母爱之象征也，而且有早生贵子之意，但在陆令萱身上，母爱在很大程度上竟然成了她争权夺利、害人利己的工具。

陆令萱是以女相的身份在历史上留下印记的，但她第一次在历史舞台上露面时地位却极其卑微———一个失去自由的奴婢。

陆令萱的丈夫本来是权臣高欢手下的一个部将，后来因为谋反被砍了脑袋，陆令萱则带着儿子成了长广王高湛宫里的奴婢。556年，高湛宠爱的胡妃生下一个儿子，取名高纬，急需一个有育儿经验的年长婢女负责照料。陆令萱当时正好四十岁左右，而且自己生过一个儿子，可以说是最合适的人选，于是她幸运地做了小王子高纬的高级保姆。

陆令萱原本就是一个精明强干、会说话会办事的女人，当了高级保姆后她充分发挥自己的本领，把小王子看护料理得细致入微、无可挑剔，深得长广王和王妃的欢心。高湛和胡妃对她非常满意，就把高纬放心地完全托付给她，于是，小王子高纬和陆令萱建立了不是母子胜似母子的亲密感情，称之为"干阿妈"。

北齐是个如假包换的短命王朝，不但王朝短命，就连皇帝也一个赛一个地短命。561年，二十六岁的孝昭帝高演驾崩，长广王高湛按照遗诏继位，以胡妃为皇后，立高纬为皇太子，于是，陆令萱就成了当朝太子的养母，地位有了翻天覆地的变化，并且被皇帝封为郡君。郡君是古代贵族妇女的尊贵封号，始于汉武帝封生母王太后的母亲为平原郡君，历代以来只有公主、皇室宗亲和四品以上官员的夫人才有资格享受这一封号。陆令萱以一个奴婢的身份能受此殊荣，可谓空前绝后、独一无二。

高湛当了四年皇帝后，宣布把皇位禅让给九岁的太子高纬，自己专门去从事声色犬马"事业"，三年后死于酒色过度，享年三十一岁。

新皇帝高纬刚刚即位时只是个乳臭刚干的小孩，朝中大权操纵在他母亲胡太后和太后的宠臣尚书左仆射和士开手中，就在这一年，陆令萱被封为相当于宰相的侍中一职，并把她的儿子骆提婆推荐到小皇帝身边做负责饮食起居的近臣。骆提婆不愧是陆令萱的亲儿子，特别会讨小皇帝的欢心，小皇帝对他极为信任，以至于后来把朝中要事也委任给他。

568 年，十二岁的高纬开始亲政。由于高纬是陆令萱一手抚养长大的，而胡太后又是个不关心儿子的淫荡女人，所以他和"干阿妈"陆令萱的感情远比和他亲妈亲密得多，他把"干阿妈"当成自己的主心骨，对她的话言听计从、深信不疑。

皇帝高纬虽然是个还未成年的孩子，但是已经有了皇后，皇后是谁呢？北朝名将斛律光的女儿，以高歌《敕勒川》流芳百世的名将斛律金的孙女。遗憾的是，小皇帝对斛律皇后不感兴趣，却喜欢上了皇后从娘家带来的丫鬟穆黄花。也合该穆黄花转运，被小皇帝宠幸过几次就怀了龙胎，并且生下了龙种高恒。会办事会说话的陆令萱就不失时机地向穆黄花提出收她做干女儿，穆黄花正想在宫中找个靠山以便和其他妃嫔抗衡，当然乐得同意，于是，陆令萱和穆丫鬟一拍即合，成了一对母女，很快，陆干妈就为干女儿穆黄花争取到了弘德夫人的封号。

为了加强彼此的亲密关系，陆令萱让儿子骆提婆跟着穆黄花姓穆，改叫穆提婆；穆黄花则投桃报李地疏远了无权无势的亲生母亲穆轻霄，后来连面儿都不肯见了。后来，陆令萱又设计把高恒送给斛律皇后当养子，使高恒被立为太子，穆黄花对陆令萱自是无比感激，二人的关系简直比真母女还要亲上几倍。

胡太后那边见陆令萱忙得不亦乐乎，自然也不肯落后，她让自己的娘家侄女穿上华装丽服进宫探望她，并且安排小皇帝高纬和胡美眉见面。高纬对胡美眉一见钟情，立即封其为夫人，很快又升为昭仪。

陆令萱想让干女儿穆黄花做皇后，胡太后则想让亲侄女胡昭仪坐上皇后宝座，这四个女人都把斛律皇后看成了眼中钉肉中刺，必欲拔之而后快。在这样的情况下，无辜的斛律皇后再怎么想独善其身、置身局外也已不可能了，正所谓，树欲静而风不止，一场血腥残酷的狂风暴雨即将向战功卓著、耿耿忠心的斛律家族袭来。

其实，当初陆令萱是想联合斛律皇后和斛律家族暗中跟胡太后唱对台戏的，所以她和儿子穆提婆去求娶斛律光庶出的女儿，也就是斛律皇后的同父异母的姐妹，但斛律金看不惯陆令萱，连姬妾生的女儿也不肯嫁给她的儿子。陆令萱一看斛律金"不识抬举"，当机立断，调转枪口，把准备射向胡太后的子弹对准了斛律家族，并且和也把斛律皇后视为敌手的胡太后结成了联合阵线。

斛律家族是北齐王朝仅次于皇族的大贵族，斛律光能征惯战，功勋卓著，乃北齐王朝的中流砥柱，敌国将领都畏之如虎。当时，北齐的第一敌国北周的皇帝是周武帝宇文邕，这是一个颇有作为的帝王，但几次与斛律光交手都吃了败仗。为了除掉这个对手，周武帝开始用反间计离间北齐皇帝高纬和斛律光的关系，这下子正合了陆令萱一党的心思，他们便诬告斛律光意图谋反，高纬信以为真，设计诱杀了一代名将斛律光，并把斛律家族满门抄斩。

斛律家族一倒，斛律皇后就被废掉封号打入了冷宫，但这个事件的最大受益者不是陆令萱，而是与之联手的胡太后，因为穆黄花出身低微，所以皇帝高纬最终立胡昭仪做了皇后。陆令萱当然不甘心于鹬蚌相争、渔翁得利的结果，她一遍一遍地在皇帝耳边游说聒噪，请求皇帝把太子的生母穆黄花也立为皇后，并拉出小太子为母亲说情，高纬在如此的感情攻势下终于开了金口，把穆黄花封为左皇后。

虽然陆令萱和胡太后都将对方视为敌人，但并没有撕破脸皮，而是维持着表面上的和平共处，这给陆令萱下套害人提供了方便。

一天，陆令萱正在和胡太后闲扯，忽然，她深深地叹了一口气，愤愤不平地自言自语道："真是人心难测呀，亲侄女竟然说出那种话来。"然后好像陷入了沉思，胡太后是个直肠子，最讨厌别人讲话说半截，便迫不及待地追问到底是什么事，陆令萱欲言又止，摆摆手，摇摇头，说："这话可不便说出来。"胡太后再三追问，陆令萱才说："皇后竟然对皇上说，'太后行为多有不法，不足为人母训'。"胡太后最怕人揭她当年和臣下通奸这个伤疤，闻听此言，不由心中火冒三丈，烈焰熊熊，以至于被烧得完全失去了理智，忘了陆令萱是自己的敌手，只想着要把这口恶气在胡皇后身上发作出来。头脑昏昏的胡太后立刻派人召来胡皇后，然后不容分说地剃光她的一头秀发，把她送到庵堂寺院去当尼姑了。

斛律皇后废了，胡皇后倒了，穆黄花理所当然地坐上了她一直在觊觎的皇后宝座。作为皇后干妈（当然她还是皇帝的养母）的陆令萱被皇帝封为位列一品的"太姬"，实际上就是有实无名的皇太后，这个心机重重的女人终于夺到了皇帝后宫中的最高权力。

既有心机又有野心的陆令萱早就开始染指朝堂、干预政事了，掌管后宫之后，她干政的欲望越来越强烈，吸金的胃口也越来越大。

北齐朝堂上的一些奸佞小人眼见陆令萱成了皇帝皇后最信任的人，权势越来越大，便纷纷投靠到陆令萱和穆提婆这一对母子的门下，有的甚至无耻地主动拜陆令萱为"干娘"，很快，陆令萱周围就聚集了一帮祸国殃民的奸党，他们专擅朝政、贪污受贿、骄奢淫逸、无恶不作，还引诱皇帝高纬沉溺声色，不理国事。北周的千军万马势如破竹地向北齐都城挺进时，北齐的皇帝高纬却还在醉生梦死地狂饮乱舞。结果，不到四年光景，北齐王朝就在"小怜玉体横陈夜，已报周师入晋阳"的荒唐一幕中关门大吉，寿终正寝了。

皮之不存，毛将焉附？陆令萱的性命也随着北齐王朝的覆灭走到了尽头，不过这个女人还是有些血性的，她最终选择了自杀，她的子孙们却没有她这么"幸运"，一个个被推到街市上砍掉了脑袋。

破解花木兰身份的关键一环

花木兰是中国人最熟悉的女英雄之一，但关于她是历史人物还是文学形象，关于她的姓名、民族、时代、家乡，却一直以来众说纷纭。

在此，笔者将根据《木兰辞》中非常关键的八句诗来破解木兰的生活时代，这八句诗就是："阿爷无大儿，木兰无长兄，愿为市鞍马，从此替爷征。东市买骏马，西市买鞍鞯，南市买辔头，北市买长鞭。"显而易见，在木兰那个时代，即将上阵杀敌的士兵是需要自己购置骏马、鞍鞯、辔头和长鞭的，此事听起来有些奇怪，可是在历史上某个相当长的时期内却是毋庸置疑的事实。

这个历史时期就是从北朝的东西魏对立到唐代的安史之乱前，当时采用的兵制是府兵制。

那么，府兵制是怎么一回事呢？

府兵制由西魏权臣宇文泰于 550 年前后建立，历经西魏、北周和隋三代渐趋完备，在唐太宗时期达到鼎盛，此后于唐玄宗天宝年间（742—755 年）停废，历时约二百年。

府兵制有两大特点：其一，成年男子一旦成为府兵，年老退伍之前必须承担为国争战的义务，作为回报，府兵家庭蠲免赋税，还能够在退伍或牺牲后获得可以由子孙后代继承的土地。其二是兵农合一，府兵平时为农，耕种土地，农隙训练，战时从军打仗，并且要自备参战武器和马匹。

从木兰投军前自行购置骏马、鞍鞯、辔头、长鞭等装备来看，她应该是府兵制时期的一个骑兵，那么，作为北朝人的她应该生活在北朝后期的西魏、北周境内。

木兰一切准备停当，即和伙伴们奔赴塞北前线，"旦辞爷娘去，暮宿黄河边，不闻爷娘唤女声，但闻黄河流水鸣溅溅。旦辞黄河去，暮至黑山头，不闻爷娘唤女声，但闻燕山胡骑鸣啾啾"。从一日至黄河边，两日到黑山头的行程来看，木兰的家乡应该在鲁豫苏皖四省交界地带，这个地区本来属于东魏和北齐管辖，577年北周灭掉北齐后才成为北周领土，也就是说，木兰从军理应发生在这个历史大事之后。

在此顺便说一下，东魏和北齐先后采用的是兵农分离的兵制和全民征兵的制度，和府兵制无关。

关于木兰从军后抵御的异族入侵者，一般认为是长期给北魏造成困扰的柔然部族，但如果木兰是北周骑兵的话，她和战友们对抗的敌人应该是突厥。

因为在两国对峙的大部分时间里，北齐国势强于北周，所以突厥一直和北周联手夹击北齐。北周凭借府兵制和其他因素最终崛起灭掉北齐后，突厥就开始将北周视为敌人，打着为逃到漠北的北齐皇族复国的旗号，向北周边境发起了大规模进攻，而木兰代父从军燕山抗敌应该就发生在这个时期。

北齐在北周的笑声中灭亡，但北周并没有真正笑到最后，四年后，作为外祖父的杨坚夺取了外孙周静帝的国家，建立了隋朝，他就是隋文帝。

《木兰辞》中还有一个特殊现象，这个现象只有北周被隋朝取代这个史实可以解释。

请看木兰凯旋时的描述：将军百战死，壮士十年归。归来见天子，天子坐明堂。策勋十二转，赏赐百千强。可汗问所欲，木兰不用尚书郎，愿驰千里足，送儿还故乡。

在《木兰辞》整首诗中，先用可汗称呼最高统治者，然后在上面的前六句中用天子替代，最后又恢复了可汗的称呼，作为"乐府双璧"之一的《木兰辞》按理说不应出现此类问题，所以笔者说它有一个特殊现象。

然而，"将军百战死，壮士十年归"这十个字恰好可以作为这个问题的注脚。

木兰北上从军是在 577 年左右，那时在位的皇帝是鲜卑族的周宣帝宇文赟，当然是可以称为可汗的，当她在十年后凯旋时，坐在皇帝宝座上的已经是汉族的隋文帝杨坚，自然应该被尊称为天子了。

为什么木兰会在 587 年凯旋呢？一是因为木兰和她的战友们浴

血奋战、出生入死，打出了威风，打出了气势，二是因为隋文帝的分化政策使突厥发生了内乱。

那么，木兰属于什么民族呢？木兰归乡后的情景已经给出了明确的答案：爷娘闻女来，出郭相扶将；阿姊闻妹来，当户理红妆；小弟闻姊来，磨刀霍霍向猪羊。开我东阁门，坐我西阁床，脱我战时袍，著我旧时裳。当窗理云鬓，对镜贴花黄。红妆、猪羊、东阁、西阁、云鬓、花黄都是典型的汉族用语，我们有什么理由不认为木兰是汉族女性的杰出代表呢？

关于木兰的姓氏，既然《木兰辞》中没有"秦氏有好女，自名为罗敷"这样的描写，也没有"河中之水向东流，洛阳女儿名莫愁"一般的表述，那么，木兰应该就是她的全名，即我们的女英雄姓木名兰，之所以她现在被称为花木兰，是因为明代戏剧家徐渭在创作杂剧《雌木兰》时特意赋予她一个让人想起女性之美丽温柔的姓氏——花。

木兰所在时代之前，木姓的来源有两个，一个是春秋时代宋国大夫孔金父（字子木），一个是孔子的弟子端木赐（即子贡）的后人端木肇，还没有少数民族血统的融入。南北朝时期木姓的分布目前已不可考，但从孔金父和端木赐都生活在现在的河南山东交界地区来看，这个地域应该是木姓的主要聚居区。这和前文根据从军行程推理出的木兰故乡在鲁豫苏皖四省交界地带是基本相符的。

一千四百多年后的今天，木姓的分布已经扩展到了华北地区和东南沿海的很多地方，但其中属于鲁豫苏皖交界地带的只有一个，那就是山东平邑，因此，笔者不妨在此做一个大大的设想——如果我们去平邑寻访木氏族人，查询木氏家谱，也许会有所发现，有所领悟，为最终解开女英雄花木兰身份之谜提供一些有价值的线索。